障害者のための絵でわかる動作法 2

自立活動へのはじめの一歩

宮﨑　昭・村主光子
田丸秋穂・杉林寛仁
長田　実　著

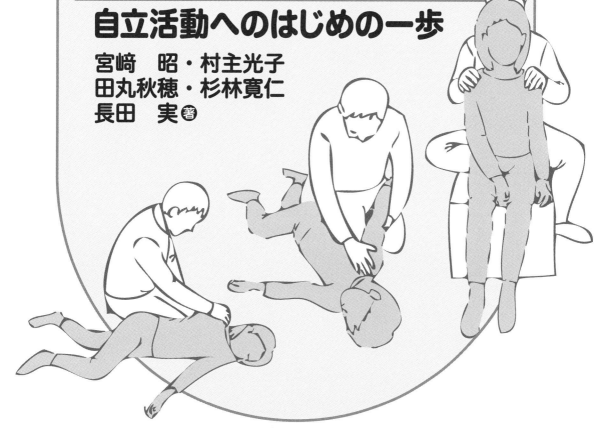

福村出版

JCOPY 〈出版者著作権管理機構 委託出版物〉

本書の無断複写は著作権法上での例外を除き禁じられています。複写される場合は，そのつど事前に，出版者著作権管理機構（電話 03-5244-5088，FAX 03-5244-5089，e-mail: info@jcopy.or.jp）の許諾を得てください。

まえがき

　本書は「障害者のための絵でわかる動作法」シリーズのパート 2 です。パート 1 の『障害者のための絵でわかる動作法──はじめの一歩』は，障害を持つ子どものお父さん・お母さんや，動作法に取り組もうとする初心者の先生方の手引書を意図して刊行いたしました。1999 年の初版刊行から 19 年が経過しましたが，著者一同が予期していた以上のご好評をいただき，2017 年に第 12 刷となっています。全国各地で行われている親子訓練会や，これから動作法を学ぼうとする障害児・者の指導を志している方々に，多少なりともお役に立てたのではないかと思っております。

　動作法は，主に教育現場での指導方法として多くの指導者によって実践されていることが，宮﨑（1999）・中井（2011）の調査からも見て取れます。自立活動の指導方法の一つである動作法は，身体の動きを整えることや身体の動きを整えることにより「こころ」の構えを適切な状態に改善するといった，心身両面の課題を乗り越えるための援助方法の一つとして有効な手立てであると考えられます。

　パート 1 は，4 つの動作モデルパターン（臥位姿勢，座位姿勢，膝立ち位姿勢，立位姿勢）の中から，指導対象となる障害児・者の特徴的な姿勢や気になる動作特徴をよく観察すること，訓練してみたい姿勢のモデルパターンを選択すること，選択した姿勢の動作の状態像をつかみ，準備体操のつもりで動きやゆるみに慣れることを「はじめの一歩」とすることを特徴としています。さらに核となる訓練，発展訓練へと展開できる流れを想定しています。

　パート 2 では，個別の指導計画に基づく授業計画へと結びつけていくため

の実態把握から，指導目標・指導内容を決定していく手順を示しました。指導実践では動作法の訓練の進め方と関連づけられるよう工夫し，指導者と子どもが進捗状況の確認をできるようにチェックポイントを設けています。

　2009年度の学習指導要領の改訂により個別の指導計画の作成が義務づけられ，対象となるすべての児童生徒に対して指導計画が作成されるようになりました。

　2017年に特別支援学校学習指導要領改訂にともなう告示があり，周知・徹底の公示により個別の指導計画に基づく指導の実施時期が定められました。

　幼稚部が2018年度から全面実施，小学部は移行期間を経て2020年度から，中学部は2021年度から，高等部は2022年度から全面実施となります。

　パート2の出版は，この学習指導要領の改訂が大きなきっかけとなっています。改訂指導要領には，指導目標の設定から活用についての重要性が示されていますが，動作法等の指導方法との関連づけなどに関しては十分な説明がなされているとはいえない状況が見られるように思います。また，「個別の指導計画の活用では，指導目標は設定されているものの，一貫した指導を継続することが難しい」とか，動作法の実践をめぐって「じっくりと動作法の指導を受けるとわかったような気になるものの，実際にやってみると，手ざわりで感じ取ることや，子ども自身の動きを引き出すことの難しさを実感する」といった現場の先生方の悩みの声もまだまだ多く聞かれます。

　そこで本書では，対象となる児童生徒のために作成された個別の指導計画と自立活動との関連性に焦点を当て，中心課題—基礎課題—発展課題といった流れに応じた動作法の援助技術を適用し，児童生徒の指導目標達成のための円滑な活用を願って，ていねいにわかりやすく解説をしました。本書の構成と使い方については，6〜7ページに図式化してまとめてありますのでご参照ください。

4

なお本書では，動作法の解説としては「訓練」を，自立活動の指導に関しては「学習」を用いて住み分けを図り，「訓練」と「学習」という用語が競合せず共存できることを意識した表記にしてあります。

　パート1とともに，本書が多くの方々に長く活用されることを著者一同願っております。

（長田　実）

本書の構成と使い方

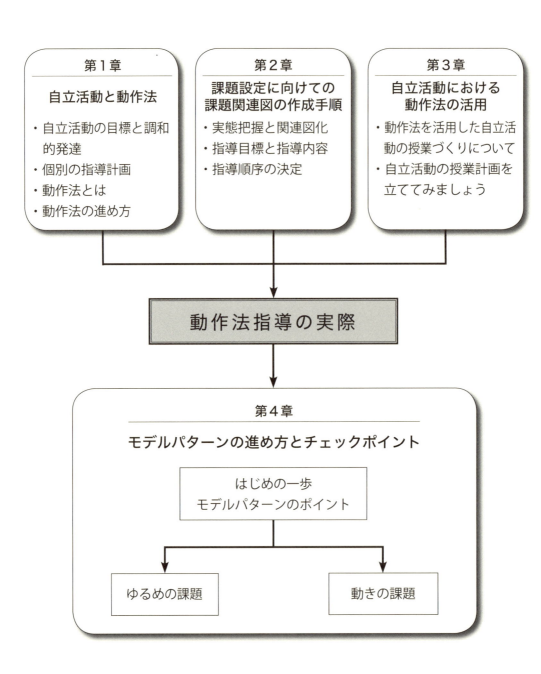

第1章では，

　自立活動と動作法についての概論を確認していただきます。自立活動の目的がどのように学習指導要領で説明されているか，個別の指導計画はなぜ必要とされているのか，さらには個別の指導計画と指導方法の一つである動作法との関連についてわかりやすく解説しています。

第2章では，

　課題設定に向けての作成手順として，カード法を活用して児童生徒の課題の全体像を見出し，指導の方向性を明らかにしていくことを想定しています。カード法を活用した実態把握から図解化といった手続きをとることで視覚的に全体像の見通しが持てることを念頭に解説しています。

第3章では，

　自立活動における動作法の活用例として，肢体不自由のある生徒および行動障害をともなう児童の自立活動の授業づくりを示しました。関連図をもとに指導目標や指導内容の決定を手順に照らして解説しています。授業の実施とその評価（到達度評価，進歩の評価）や修正についても解説しています。簡単なチェックポイントを付したので，参考にするとわかりやすく進められます。

第4章では，

　動作学習を行う際に用いるモデルパターンについて解説していきます。動作学習を始める前提として基礎基本のおさえが重要となります。どの動作学習であっても前提となる共通ポイントがありますので，必ず確認してから始めましょう。本章は，STEP 1 を「ゆるめの課題」，STEP 2 を「動きの課題」として構成しています。SREP 1・2 のそれぞれの課題において，指導者と子どものチェックポイント項目を設けました。指導者のチェックポイントは，学習過程を支えるかかわりを視点に想定した内容にしてあります。子どもは，動作学習にとりかかるまでの準備，課題への気づき方，課題解決に向けての取り組み方を視点にしたチェックポイントとなります。

目 次

まえがき　3

本書の構成と使い方　6

第1章　自立活動と動作法

第1節　自立活動の目標と調和的発達　12

第2節　個別の指導計画　14

第3節　動作法とは　15

第4節　動作法の進め方　19

第2章　課題設定に向けての課題関連図の作成手順

第1節　実態把握と関連図化　29

第2節　指導目標と指導内容　38

第3節　指導順序の決定　39

第3章　自立活動における動作法の活用

第1節　動作法を活用した自立活動の授業づくりについて　42

第2節　自立活動の授業計画を立ててみましょう　43

第4章　モデルパターンの進め方とチェックポイント

本章の構成と使い方　60

STEP 0　はじめの一歩　モデルパターンのポイント　62

STEP 1　ゆるめの課題

臥位　1　首・肩のゆるめ①　64

　　　2　首・肩のゆるめ②　66

　　　3　腕上げ動作　68

　　　4　股・腰のゆるめ　70

　　　　　　5 足首のゆるめ　72

　　　　　　6 躯幹のひねり　74

　座位　　　1 背の反らしゆるめ　76

　　　　　　2 肩のゆるめ　78

　　　　　　3 躯幹のひねり　80

　　　　　　4 肩の上げ下げ　82

　　　　　　5 腰の上げ下ろし　84

STEP 2　動きの課題

　臥位　　　1 膝の曲げ伸ばし　88

　　　　　　2 腕上げ動作　90

　　　　　　3 躯幹のひねり（上肢）　92

　　　　　　4 躯幹のひねり（下肢）　94

　いす座位　1 左右の重心移動　96

　　　　　　2 腰の上げ下ろし　98

　膝立ち位　1 左右の重心移動　100

　　　　　　2 腰の上げ下ろし　102

　立位　　　1 そんきょによる足首の使い方　104

　　　　　　2 前後の重心移動（両脚）　106

　　　　　　3 左右の重心移動　108

　　　　　　4 前後の重心移動（片脚）　110

　　　　　　5 膝の曲げ伸ばし　112

ブレイクタイム◇ちょっと一工夫

自立活動の指導場面での動作法の活用　56

動作法を活用した自立活動の評価について　57

躯幹のひねり：動作学習を通した双方向性の気づき体験　86

腕のリラックス（おまかせ感）　87

家庭と連携して練習を継続していく工夫　114

あとがき　115
引用・参考文献　117

第1章　自立活動と動作法

第1節　自立活動の目標と調和的発達

　文部科学省（2018）の特別支援学校学習指導要領に定められた「自立活動」の目標は次のように示されています。

> 個々の児童又は生徒が自立を目指し，障害による学習上又は生活上の困難を主体的に改善・克服するために必要な知識，技能，態度及び習慣を養い，もって心身の調和的発達の基盤を培う。

　学校教育における「調和的発達」は，発達段階という考え方に基づいて各学年（年齢）にふさわしい学習内容を定めることによって示されています。発達段階は，その年齢になると多くの人が平均的に達成されることが期待される行動や能力として研究されてきました。この平均的な発達は「定型発達」と呼ばれます。これが調和的で正常な姿と考えられ，そこからの逸脱は，遅れあるいは天才などの異常と考えられています。はたして，自立活動の目標にある「調和的発達の基盤を培う」とは，こうした「定型発達」の姿に近づけることなのでしょうか？

　生まれてからの人の発達は，「産声」を上げるところから始まります。肺呼吸の開始です。仮死産の場合には，この肺呼吸が自発的に始まらないために人工呼吸などの処置が必要となります。呼吸することは，定型発達の乳児には容易でも，仮死産の乳児には困難なのです。乳児は母親に抱かれ，吸啜反射によっておっぱいを口に含んで栄養をとり始めます。母親も，乳児を抱いておっぱいを与えることで「オキシトシン」という愛情ホルモンが出て母性愛を感じ，母子の愛着関係が育ちます（永澤ら 2013）。仮死産の乳児で口からの栄養摂取が困難だったりすると，点滴などによる栄養摂取が行われます。そのため，カンガルーケアという身体接触による健康な母子の愛着関係を促進する活動などが行われます（大石ら 2006）。しかし，身体接触に過敏性のある自閉スペクトラム症の乳児の中には，母親との身体接触をいやがってすり抜けようとする子がいます。また，放任などの虐待を受けた乳児は，こうした愛着関係を発展させる経験が希薄になって，遺伝子の発現にかかわ

12

るエピジェネティックな変化をきたすことが示されています（McGowan et al. 2009）。

　乳児は，生後3ヵ月ほどで首がすわり，6ヵ月頃にはお座りができて，1歳を過ぎると立ち，1歳2ヵ月頃には歩き始めます。赤ちゃんは，重力という地球上の環境に対応する活動を発達させていると考えられます。宇宙ステーションという無重量環境に長期滞在すると人の平衡機能に大きな変化が生じ（石井 1997），地上に戻った宇宙飛行士には満足に歩くことができない状態が生じます。すなわち，無重力状態という環境に長時間いることで，1歳の赤ちゃんにさえできる重力に対応した動作が困難になっているのです。

　人は，心身機能に通常とは異なる困難を抱えたり，特異な環境条件のもとで育ったりすれば，通常とは異なる発達の姿をたどることがわかっています。「定型発達」は，多くの人に共通する心身機能と環境条件との相互作用の中で見られる一つの発達の姿です。もしもパラリンピックの車いすバスケットボールのような環境条件のもとならば，「定型発達」の人のほうに困難さが生じるでしょう。

　自立活動の目標にある「調和的発達」とは，一人ひとりの心身機能と環境との相互作用によって自己組織的に生成される独自の発達の筋道を見つけることではないでしょうか。そうした，一人ひとりに独特の発達の筋道をつくり出していくための学習について，宮﨑（2017）は次のように述べています。

　「そのための学ぶべき知識，技能，態度及び習慣も，必ずしも定型発達を前提としたものではないと考えたほうが良いと感じます。指導者は，熊谷（2009）の『健常者に近づくためではなく，社会参加の平等に照準した配慮を』，『専門家主導ではなく当事者中心のリハビリを』という主張に耳を傾けた姿勢が求められるでしょう。そして，環境との自由な相互作用を可能にする知識，技能，態度を，相手の身になって，共に模索し，ひとりひとりにオーダーメイドで創造していくことが重要だと感じます」。

第2節　個別の指導計画

　「自立活動で何を教えたらよいか」という疑問を持たれる方もいると思います。学習指導要領には，次の6つの内容が示されています。どの内容を取り上げたらよいのでしょうか？
　　　◇健康の保持
　　　◇心理的な安定
　　　◇人間関係の形成
　　　◇環境の把握
　　　◇身体の動き
　　　◇コミュニケーション
　答えは，「どの内容を教えてもよい」となります。それでは答えになっていないと感じられるでしょうが，そもそも「疑問」の持ち方が間違っているのです。障害による学習上または生活上の困難は，児童生徒一人ひとりで異なります。そのため，自立活動の指導目標も指導内容も一人ひとり違ったものになります。ですから，「『自立活動で何を教えたらよいか』をどのように決めたらよいか？」という疑問の持ち方が大切になります。こうした理解のもとで作成するのが，個別の指導計画です。次の手順で作成・修正・評価していきます。
　1．実態把握
　2．指導目標の設定
　3．指導課題の整理（基礎課題，中心課題，発展課題）
　4．指導方法の選択と実施
　5．形成的評価と総括的評価

第3節 動作法とは

(1) 動作

「動作」という概念を，成瀬（2000）は「『主体』が意図した身体運動を実現しようと努力する心理過程を『動作』という」と定義し，図1の図式を示しています。

ここに示された意図や努力は必ずしも意識的なものとは限りません。刺激との関連が一義的でなく，協調性のある一定の運動パターンが特定の目的を持って自発的に開始されるように見えることで，「意図」と「努力」という心理的な過程を推測できることが必要です。したがって，自律神経系によって自動的に生起している心臓や胃腸の運動や，特定の刺激への自動的な反応である吸啜反射や自動歩行反射などの反射運動は動作には含まれません。また，脱臼などの関節の異常や筋肉の拘縮などの生理学的な現象も動作法の対象ではありません。

図1　動作図式（成瀬 2000, p. 9）

(2) 動作定型・姿勢定型

生まれてからの人の運動発達は，産声の呼吸・発声動作に始まり，おっぱいを吸う吸啜反応から次第に意図性のある発声や摂食の動作へ，そして物を扱う手作業動作へと発達していきます。また，重力に対応する首を起こす動作，座る動作，立つ動作，歩く動作が発達します。そこには，その人独特の声の出し方，独特の手作業動作のクセ，座り方や立ち方のクセが見られます。廊下から聞こえる話し声や，歩く足音だけでも誰が来たのかわかったりするのはそのためです。成瀬（1973）は，脳性マヒのある個人に一貫して恒常的に出現する動作パターンのことを「動作定型」と呼んでいます。また，こうしたクセを姿勢という側面から見た場合には「姿勢定型（ボディダイナ

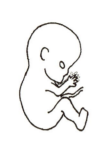  

図2　Gパターン　　　図3　落ち込み　　　図4　緊張・興奮

ミックス)」と呼んでいます。「動作定型」は，脳性まひ児などの肢体不自由児だけでなく，ダウン症の児童にも，定型発達の人が特定のスポーツをする時の構えなどにも見ることができます。

　動作定型には，特定の情動や動機づけなどの心理的な過程が随伴しています。例えば，図2は，胎児が子宮の中でとっている姿勢ですが，アルファベットのGの形に似ているところから「Gパターン」と呼ばれる姿勢定型です。脳性まひ児ではこうした姿勢が「安楽」という心理的な状態と関連している場合が見られます。図3は，定型発達の人の背中を丸めて座ったGパターンの動作定型ですが，同時に「落ち込み」という心理的な過程を読み取ることができます。また，図4は，脳性まひ児が背を反らせた動作定型ですが，同時に「緊張」や「興奮」という心理的な過程を読み取ることができます。相撲の力士が行う仕切りという「動作定型」には，戦いに向かう「闘志」と「立ち合いの息を合わせる」という心理的な過程が同時に含まれています。

　他にも，動作が心理的な過程を含んでいる日本語の使い方として，「身構える」「頭にくる」「開いた口がふさがらない」「首をかしげる」「肩肘をはる」「お手上げ」「息をきらす」「胸をなでおろす」「背のびする」「腰が引ける」「浮き足立つ」などの表現があります（田中 2016）。

　動作法は，生理学的な身体運動パターンに働きかけるというよりも，身体運動とそれに付随した情動や動機づけなどの心理状態のクセが一体となった「動作定型」に働きかける心理療法なのです。

(3) 動作課題（モデルパターン）

　動作定型は，身体運動と情動や動機づけが一体となった恒常的なクセです。その意味で，身体運動と心理的な活動がステレオタイプ化していて自由度が少ない状態です。動作法では，「動作課題」という一定の動作の型（モデルパターン）を設定して，相手が自分の動作定型に気づき，これを自己組織的に変化させて，身体各部の動きと心理的な活動の自由度を高めることを目的としています。

　動作課題には図5のようないろいろなモデルパターンが開発されていますが，「発声・発語系」「書字系」「立位・歩行系」という3つのまとまりがあります。また，重力に対応するモデルパターンとして「タテ系」動作課題があります。

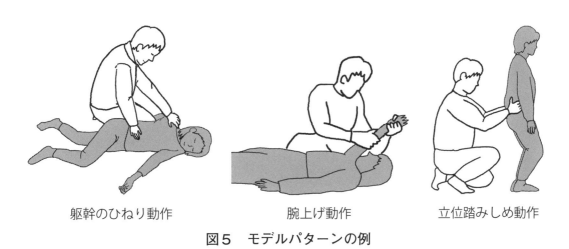

躯幹のひねり動作　　　　腕上げ動作　　　　立位踏みしめ動作

図5　モデルパターンの例

(4) 緊張・慢性緊張

　動作課題によって，これまでに身についた動作定型とは異なる新たなモデルパターン動作を試みる時に，それを阻害する「ひっかかり」や「力み」や「反発」という現象が見られます。これを動作法では「緊張」と呼んでいます。動作法における「緊張」は，単に筋肉の緊張状態を指すものではありません。動作法の実施時に「ここ！」や「これ！」と指示しているのは，身体部位の筋緊張とともに，そこに含まれる「力み」や「不安」「恐怖」「落ち込み」などの相手の心理的な体験を推測して一緒に向き合い，相手がその体験

に気づくことができるように支援しているのです。なお，そうした動作定型にともなう力み方のクセが慢性化したものを，成瀬（1985）は「慢性緊張」と呼んでいます。

（5）動作体験（気づき）

　動作課題によって相手が感じる心理的な体験を「動作体験」といいます。まず，自分の身体と動作に注意を向ける「内的注意集中」の体験が大切です。指導者から提示された課題動作に向き合った時に「力み感」や「不安感」や「恐怖感」などを動作体験します。その体験に内的に注意を集中することが難しいと，指導者の働きかけに反発したり，別の話を始めたりすることがあります。自分の身体と動作に起こる体験に注意を向けて，価値判断することなく何もしないで，指導者の働きかけと自分の身体と動作の反応に気づき続けている「おまかせ感」が大切です。マインドフルネスとも通じる体験です。また，それまでの動作定型では動かないと思っていた身体が動いた時には，「おどろき」や「新鮮さ」や「達成感」などの新たな動作体験が現れます。

　成瀬（1985）は，動作体験に「自動感」「被動感」「主導感」があることを指摘しています。反射や電気刺激で身体が自動的に動いてしまう体験は「自動感」と呼ばれます。また，人や物理的な外力によって一方的に身体運動をさせられた時の動作の体験は「被動感」と呼ばれます。自分が動かしているという自発的な意図や努力を感じることができる動作の体験は「主導感」と呼ばれます。

　さらに，自閉スペクトラム症の児童への動作法の実践（今野 2003, 松岡ら 2014）などから，動作を通じた共同注意の形成に重要な治療教育的意義があることがわかってきました。こうした支援者と相手が共有する動作体験を「共有感（ご一緒感）」と呼ぶことができます。カウンセリングにおける共感的理解とも通じる体験です。

第1章　自立活動と動作法

| 第4節 | 動作法の進め方 |

(1) 安全に進めるための準備

　動作法を開始するにあたって，事故防止のための安全確保と指導方法についてのインフォームド・コンセントを得ることが重要です。そのためには，次の事項について情報を収集するとともに，準備状態を整えます。

　・医療的に必要な配慮事項と健康状態の確認
　・倫理的配慮：体に触れる指導方法の説明と理解・納得・同意
　・指導環境の整備：物理的構造化（部屋，マットとその位置，他のものを片づける，音や温度の調節など）
　・指導計画の構造化：手順の構造化（指導日課表や課題表，担当者，「開始」と「終わり」の指示の仕方など）

(2) 実態把握と動作アセスメント

　実態把握では，図6（次頁）のような実態把握フェイスシートを使って，必要な情報を整理しておくことが重要です。その際に，未確認のところには「未確認」と記載し，変化があったところは二重線で消して新たな情報を赤で記載するなどして，指導者が交代した時などに，それまでの経過や新たに確認しなければならない事項が明確になるようにしておくことが大切です。

　また，動作アセスメントでは，次の事項について観察して，動作定型ならびに緊張や慢性緊張の状態，動作体験の仕方のクセを分析しておくことが必要です。

　　■動作定型（基本動作）
　　　□立位・歩行
　　　□発声・発語
　　　□書字・作業
　　■姿勢定型と緊張
　　　□姿勢定型（ボディダイナミックス）
　　　□緊張の部位・方向・強さ

19

| 平成 　　　年度　　フェイスシート　V.5.1 | 記入者 | 回答者 |

（最初の支援相談の際に記入し、以後は赤で修正する）　　　　　　記入年月日　　　　年　　　月　　　日

氏名 　　　　　　　　　（男・女）	生年月日　　　年齢	住所(連絡先)　TEL.
在籍施設	学年、学級、担任など	所在地 Tel.
診断名	障害者手帳	受診医療機関名と主治医
健康状態:神経系(発作)、耳・目・口、心血管系、免疫系・呼吸器系、消化器系、内分泌系、尿路性器・生殖系、運動・皮膚などの異常や特徴、服薬の有無	健康の保持:生活リズム(睡眠、食事、外出)、疾病と生活管理(告知・自己理解、服薬管理の方法)、安全の配慮事項	
生育歴・病歴:保育・教育歴、訓練、手術歴	心理的安定　:情緒の安定(不安・恐怖)、意欲(自己効力感)問題行動(パニック・こだわり)	
家庭の状況:家族構成、保護者氏名	人間関係の形成:人への関心、情動の理解(自分と他者の感情や意図の理解)、社会スキル(人間関係の問題解決スキル)	
発達検査・知能検査、その他の標準検査	環境の把握 　視覚　視力右　　(　　)左　　(　　　)　眼鏡　有　無 　聴覚　聴力の問題　有　無　　　　　　補聴器　有　無 　感覚過敏・鈍感　(五感+暑さ・寒さ、皮膚感覚、内部感覚)	
学習や就労の状況 　聞く・話す・読む・書く・計算する・推論する・学力	身体の動き 　姿勢(学習姿勢) 　移動動作 　学習動作(粗大運動、協調動作、巧緻動作:器用さ)	
地域生活:外出、余暇活動、交通手段、金銭使い方	コミュニケーション 　構音障害、吃音、指示理解(視覚支援)、情動の表現と理解(自己表現・他者理解)、社会状況に応じたコミュニケーション	
将来の進路希望	保護者と本人の期待	

図6　実態把握フェイスシートの例

■動作体験
　□内的注意集中とおまかせ感
　□自動感，被動感，主動感
　□共有感（ご一緒感）

(3) 指導目標の設定と課題の整理

　実態把握と動作アセスメントに基づいて，様々な問題点や課題が出てきます。関係する問題点や課題の数がたくさんある複雑な事象について，その関係を整理する時に役に立つのが第2章で解説する「課題関連図」を用いる方法です。これは，個別の実態把握から自立活動で取り上げる課題の範囲を定めて，関連する多数の要因の関連を整理することで，指導目標を定めるとともに効果的な結果が得られる「指導仮説」を立てる作業です。

　課題関連図によって，基礎課題，中心課題，発展課題という課題の系統性や指導順序が整理されます。また，実際に指導を行った時に期待される成果が得られるかどうか形成的評価をすれば，課題の関連が妥当なものかどうかを確認するための指針ともなります。

(4) 動作法の援助方法

　動作法の援助は，次の手順で行います。
　・準備状態を整える
　・ブロッキング：触れる・離す（ピタ・フワ）
　・訓練の開始を明確に伝える
　・ゆるめ方・動かし方・止め方を学び共有する
　・補助を減らしていく
　・訓練の終わりを明確に伝える

●準備状態を整える

　準備状態として，相手の身体に触れる前に，相手が訓練の姿勢をとり，指導者が安定した姿勢をとって，訓練しやすい位置につくことが重要です。相手と指導者の位置が近いほうがよりしっかりとした補助ができます。一方，相手と指導者の位置が離れるほど補助がしにくくなり，相手は自分一人で動作をする側面が大きくなってきます。なお，指導者の姿勢が不安定な時に

は，指導者の背中を壁につけて安定させるなどの工夫が役に立ちます。

● ブロッキング（触れる・離す）

　動作法では，相手の身体に触れて援助します。この「触れる・離す」というかかわり自体が，相手の内的注意集中体験を促します。相手が「おまかせ感」を体験できるように「さわります」「はなします」と声をかけるなどの配慮が大切です。

　動作法の支援では必ず身体のどこかを動かしていきます。練習する動作の部位・方向・強さが子どもにわかりやすいように，触れて補助する部位や方向や強さを調整します。一つの動作には，動いていく身体部位と動かない身体部位とがあります。動かない部位は，最初からしっかりとした触れ方で援助することが必要です。一方，動かしていく部位は，ゆっくりとしたやさしい触れ方で援助していくことが大切です。

● 訓練の開始を明確に伝える

　動作支援を始める時に，開始が相手にわかるように，「はじめるよ」と声をかけるなどの働きかけが大切です。また，子どもが落ち着かないような場合には，訓練の開始を受け入れやすいような瞬間を待って指導を開始します。指導者の都合だけで始めても，子どもがついてくることができないのでは意味がありません。息を合わせて始めてください。

● ゆるめ方・動かし方・止め方を学び共有する

　指導者ができる動作援助としては，「触れる・離す」の他に，「押す」「（押す力を）ゆるめる」「（押す力を）止める」「（相手の動きに）追従する」があります。

　緊張に対する弛緩動作では，補助している指導者の手に伝わってくる微妙な抵抗感に気づいて，落ち着いてその動作体験を相手と一緒に感じていることが大切です。そのうえで緊張に対して「軽く押し気味にして待つ」支援があります。他に，緊張で止まったところから少し戻す動作を一緒に行って，再びゆっくり止まったところまで動かす動作を「繰り返す」支援があります。なお，呼吸は止めないで，自然で楽な呼吸をしながら行います。

　動かし方を学ぶ単位動作では，指導者が「こう動かすんだよ」と相手の身体を動かして見本を示してから，「せーの」と自分で動かし始める合図をしてあげるなどの支援が大切です。また，不適切な形であっても力を入れるこ

とができる位置や身体を動かす方向を見つけることが大切です。動かせる動作の範囲や強さを一緒に拡大していきます。

　動作を止めることが苦手な子どもには，動きの途中で「ストップ」と言って止める練習をすることも必要になる場合があります。また，共有感（ご一緒感）を持つことが難しい子どもとの動作学習では，指導者が相手の動作に追従したり，相手に指導者の動作に追従するように誘ったりする支援も大切です。

●補助を減らしていく

　触れる補助は，しっかり強く補助するところから，次第に弱く少なくして，自分で動作をコントロールできるようにしていきます。そのためには，まずは，訓練でいつまでもしっかり補助しているのではなく，「はなすよ！はなすよ！」と声をかけて，子どもが自分で努力する心構えをつくります。ただし，「はなすよ！」と声をかけてすぐに実際に補助をはずすのは望ましいことではありません。突然，姿勢が不安定になっては，子どもが恐怖心を持つ場合もあります。声をかけるとともに実際の補助をどの程度はずしていくかは，子どもの動作の様子をよく観察して，子どもが自分で動かし方を実感し学んでいるかどうかを推測しながら，その上達の具合で判断していきます。子どもが自分でできそうな小さな範囲の動作から少しずつ補助をはずしていくのが無理のないやり方です。なお，指導者はどうしても姿勢や動作が崩れるのを心配して，あるいは正しい姿勢や動作をさせたくて，手を出してしまいがちです。子どもは指導者が手を出している間はなかなか自分一人でがんばろうとしません。「少し崩れてもどの程度がんばれるか見てみよう」というくらいのつもりで補助をはずしてみることも大切です。

●訓練の終わりを明確に伝える

　一つひとつの動作課題（モデルパターン）の訓練をどこまで続けるかは，一律には決まっていません。初心者は1回の動作課題にかける時間が短いのに対して，経験を重ねればそれが長くなるという特徴があります。1回の動作課題でどんな動作がどの程度までできればよいのかを，子どもの動作の状況に合わせて決める必要があります。そして，子どもに，どこまでやったら終わりだよと伝えることが必要です。訓練回数を3回と決めることや，「5つ数えたらもどるよ」などの指示はそれにあたります。

また，訓練では，「できた！」という形で終わることが大切です。そうすれば，次の訓練に向けて，「またやろう」という気持ちを引き起こすことができます。一番難しい課題を最後に持ってきて，それを繰り返し行って，その結果，「できなかった！（もうやりたくない）」という終わり方は望ましくありません。そこで，計画の段階で，どの課題を最後に持ってくるか，それを何回やって終わるか，考えておくことが必要です。訓練に熱心に取り組んで大きな成果が見られる場合であっても，指導者が「あと，もう1回」と欲を出すと，えてして最後の訓練はうまくいきません。予定の回数でうまくできたところで，子どもと喜び合って終わることが大切です。

（5）形成的評価と総括的評価

動作法の支援を実施した時には，行った動作課題と相手の反応を記録することが重要です。記録には次の3つの役割があります。

①社会的機能：職務としての指導が適切に行われているという根拠となる記録。

②指導改善機能：指導経過を記録して，次回以降の指導を改善していくための記録。

③学習支援機能：子どもや保護者が，学習プロセスを振り返るための記録。

指導改善機能のためには，指導記録から学習の進み方が目標の達成に向かっているのかどうか，形成的評価を行うことが重要です。形成的評価には，到達目標が達成できたかどうかを評価する「到達度評価」があります。なお，学習の進み方にゆらぎが見られる場合や，進行性の疾患があって学習到達度が下がっていく場合には，変化が次第に改善しているのか，一進一退で現状維持の状態なのか，あるいは次第に悪化しているのかを評価する「進歩の評価」が重要になります。そのうえで，そうした評価を子どもや保護者と共有すれば，子どもが自分の学習プロセスを振り返り，必要な学習課題に対する動機づけを高める学習支援機能にもつながります。

また，各指導課題がお互いにどのように関連して学習が進んでいるのかを分析するためには，指導目標の設定と課題の整理で作成した「課題関連図」に照らし合わせて分析することが有効です。想定した「指導仮説」どおりに

24

学習が進んでいるかどうかをチェックして，指導仮説と異なるようであれば，課題関連図ならびに指導計画と指導方法を修正していきます。子どもの発達は，生理的な成熟や病状の変化ならびに環境の変化に応じて絶えず変化しているため，学習の進み方をていねいに記録して，絶えず観察・分析していくことが必要です。

　総括的評価は，1年間など一定期間の特定の指導者によるひとまとまりの指導結果をまとめたものです。次の指導者に引き継ぐための資料や保護者への指導成果の報告書として，あるいは関係機関との連携における指導経過の情報提供書としても使われるように，社会的機能を担った公的な評価記録として作成することが必要です。

第2章　課題設定に向けての課題関連図の作成手順

本章は，動作法を活用した自立活動における授業計画の具体的な目標・内容に焦点を当て，実態把握からどのように指導課題を整理して指導目標を立て，実際の実践指導をどのように行って，その成果をどのように評価していくかを，カードを活用した課題関連図の作成と活用の手順を通じて示します。本章で解説するカード法による「課題関連図」の作成は，川喜田（1970）のKJ法を参考にした宮﨑（1995）による「課題関連図」を教育現場で活用できるように工夫改善したものです。

実際に教育現場で指導する際は，個別の指導計画を作成するために児童生徒一人ひとりに対して実態把握を行います。医師からの注意点（内科的疾患や外科的疾患等）や指導に向けた配慮内容等を勘案しながら一つひとつの課題を記録して，分類整理していきます。分類整理したものを関連性を考慮しながら構造化し，全体像を見据えます。そのうえで課題の重要度を勘案しながら個別の指導計画を作成し，個別の指導計画の全体像が示す課題の系統性に従った活用をしていきます。

カードの活用によって児童生徒の実態をいろいろな角度から細かく見つめると，課題が明らかになりやすくなると同時に課題設定がしやすくなり，指導のしやすさにつながると考えています。

児童生徒の課題を見つめるとき，その見方は人それぞれで違いがあるものです。指導者が一人で課題を見出そうとしたならば偏った見方になることが考えられます。この点から，複数の指導者の目で子どもの課題を見つめることは重要と考えます。複数の視点があれば一人では気づかなかった障害に基づく種々の困難の特徴が見えてくることにもつながります。こうして出てきた課題を分類・整理し，関連性を考慮して構造化することで，視覚的に課題が見えやすくなり，指導の系統性や方向性が示されやすくなると考えています。

動作法を活用した自立活動の授業づくりにおいても，カード法による情報収集や課題の構造化は有効です。

第2章　課題設定に向けての課題関連図の作成手順

第1節　実態把握と関連図化

＜STEP 1　自立活動の実態把握の方法＞

　個別の指導計画では目安となる指導目標の確認ができますが，実際の授業ではより具体的な目標や内容が必要となります。実態把握では，カード化により直面している課題や目前の解決すべき様々な課題の関係性に対しての要因分析を行い，具体的な目標を見つめていきます。カード化にあっては，対象となる児童生徒の障害の状態等の観察を行い，課題となる観点を探っていきます。対象となる子どもへの感想ではなく，あるがままの現実の姿を記入します。

　情報の収集では様々な面からの課題の把握が必要となります。まずは，①客観的データです。客観的データには「生育歴，病歴，教育歴，身体の状況，家庭状況，諸検査，生活地図」などが考えられます。次に，②制約条件です。特に疾患に関する医師の診断内容によっては，細心の配慮が必要になってくる場合があります。内科的疾患（心臓疾患や呼吸器系疾患，てんかん発作など），外科的疾患（股関節脱臼や薬の副作用等による骨のもろさなど）が指摘されている場合があります。さらには，行動面においても特定の音に極端な拒否反応を示す場合や，何らかのきっかけで奇声を発したりするケースもあります。情報収集で得られた配慮項目はしっかりとカード化しておきます。次に，③主観的データを考えます。主観的データには，保護者の願いや学校への期待，子どもの願い，教師が求める願いなどが考えられます。

　これに合わせて，動作法の視点を用いて情報収集することで，より細かい実態把握につながります。

29

＜STEP 2　動作法を活用した情報収集とカード化＞

　ここでは，動作法を活用する際に，どのような手順で問題点を観察して，直面している課題をカードに記録していくか，その方法を説明します。問題点の観察にあたっては，生まれてからの学習によって身につけてきた身体と心の活動パターンである「動作定型」の特徴を記録します。具体的には，以下に示す目的動作，基本動作，下位動作課題の試行を通じて身体の動きの特徴を把握します。また，これらの試行における指導者からの身体的なかかわりに対して，どのような反応をしたりコミュニケーションパターンが見られたりするか，さらにはどのような情動的な反応が見られるかを観察して記録します。

（1）動作困難点の観察

　ア．目的動作の試行による観察

　　目標とする動作をやらせて，どの部位にどのような動作困難があるのかを観察します。

　イ．基本動作の試行による観察

　　目標に関連する基本動作（立位・歩行動作，書字動作，発声・発語動作）のモデルパターンによる訓練を試行し，どの部位のどういう方向にどの程度の動作困難があるかを観察します。人の全身を表したボディーダイナミックスに記録するとわかりやすくなります。

　ウ．下位動作課題の試行による観察

　　目標動作と基本動作の観察から出てきた動作困難について，身体各部の下位動作課題の弛緩訓練や単位動作訓練を試み，より詳細な動作困難の部位と方向と困難の程度や特質を調べます。

　本章では，カードによる分類整理について解説していますが，タックメモやKJカードなど，あとで貼りつけたり整理したりしやすいものを使うとよいでしょう。付箋を使う方法でも差し支えありません。

　2人以上で動作困難点を観察してカード記録をとると見落としが少なくなります。1枚のカードの内容は，中心となる主張を必ず一つだけに絞っていきます。主語と述語を明確にするなど，他の人が読んでもわかる文章で書

30

き，図を書き入れるといった工夫をするのもよいでしょう。指導者から子どもへの働きかけとそれに対する子どもの反応や変化を具体的に書くとさらにわかりやすくなります。

　記録の際は，簡単な文で記入します。例えば「膝のかたさ」「拘縮」「腕の動き」「努力」「動作感覚」といったような表記では，意味がわかったとしても具体的なことが伝わりにくいことが多くあります。そこで，「膝のかたさ」ではなく「膝の関節にかたさがあり曲げたり伸ばしたりすることができにくい」といったように，1枚のカードに25文字程度にまとめて書いていくとわかりやすくなります。さらに，「膝が突っ張って曲がりにくく，足首にも強い緊張がある」といったように1枚のカードに2つの内容が記されると，分類整理の際にまとめにくくなることが考えられますので，1枚のカードに1項目1内容を原則として記入するとよいでしょう。また，次のように記入内容の重要度に応じて3・2・1と点数化してカードの隅に記入しておくのも，図解化がやりやすくなる方法の一つです。

　①3点……最も重要である
　②2点……課題の度合いが高い
　③1点……課題となるが重要度としてはさほどではない

　点数化は，図解化に向けて配置のヒントになります。合計点数が高いまとまり（山）は，作成者の多くが見つめる課題として注目が集まっていることを示します。さらに，最も高い合計点が課題の中心となることも考えられます。

　これらのことを参考に，情報収集とカード化を行っていきます。

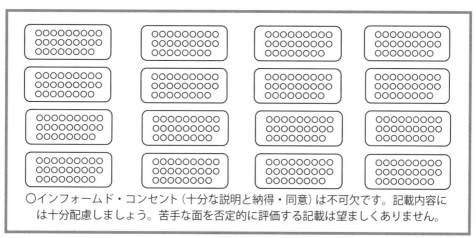

図1　情報収集とカード化

<STEP3 カードの読み上げとまとまり（山）づくり>

　情報をもとに記入したカードで内容が似ているまとまりをつくります。カードに記入された内容を1枚ずつ読み上げて模造紙などの大判の用紙の上に並べていきます。記入内容の方向性が似ているカードは一つのまとまり（山）となるよう近くに並べます（図1）。続く人たちも同じようにカードを「読み上げる，並べる」を繰り返してまとまり（山）づくりをしていき，全部のカードを並べてしまいます。このとき注意しなければいけないのは，あらかじめ分類基準を決めて並べないことです。内容が似ているカードのまとまり（山）は，クリップを使って仮止めすると便利です（図2）。

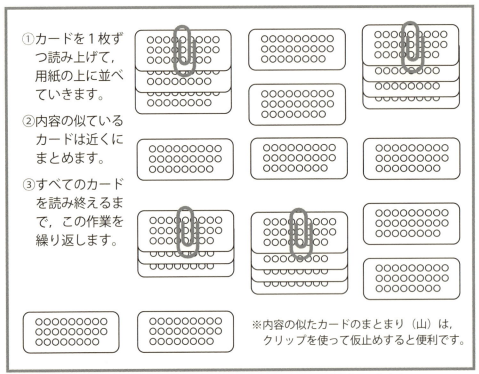

図2　カードの読み上げとまとまり（山）づくり

<STEP 4　カードのまとまり（山）の表札づくり>

　まとまり（山）として集まったカードの内容を統合して文章化します。これが表札です。複数枚のカードからなる山全体が，要するに何を言わんとしているのか，その全体感をつかんで一文を表札に綴り，色違いのサインペンや色違いのカードに書いて，山の一番上に重ね合わせます。表札は，山の下のカードに共通するキーワードをつなげるなどして，元のカードの表現が忠実に代表されるような要約文にしていきます。一度，表札が決定したら，あとから山の下のカードをめくって見るなどの「過去を振り返る」ことをしてはいけません。カード1枚だけの山も，表札と同じ色のサインペンでマークをつけておきます。

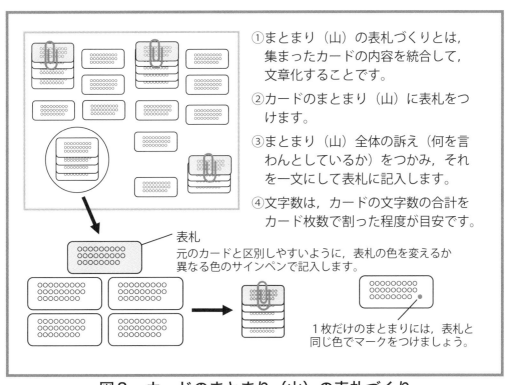

図3　カードのまとまり（山）の表札づくり

<STEP 5　まとまり（山）をグループ化する>

　似たもの同士の小さなまとまり（束）ができたら，おおむね5～6束程度の数になるまで編成作業を繰り返します。
　グループ化の各段階でそれぞれのまとまりの表札の色かサインペンの色を変えていきます。
　この段階になってくると，対象となる児童生徒の障害特性の全体像が見えてきます。

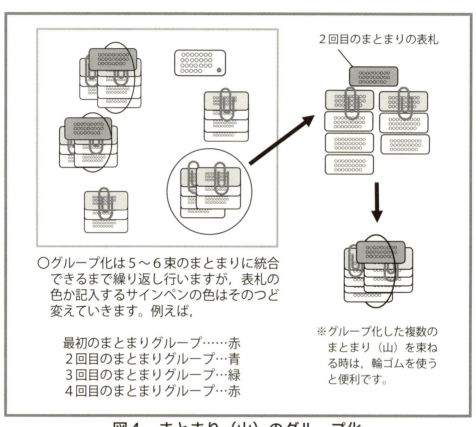

図4　まとまり（山）のグループ化

＜STEP 6　グループの配置を考えて関係記号を記入する＞

（1）山がおおむね5～6束のまとまりになったら配置を考えます。
（2）それぞれの山同士の関係性が表示できる位置に配置します。
（3）できるだけ関係性が交差しない位置に配置します。
（4）図5が関連図化する際によく使われる関係記号です。

　関係記号として，グループ同士の相互関係を表す矢印などを書き入れます。図に示すように，記号に添えて「相互に」とか「関係するから」や「その結果として」，「しかし」といった関係を表す言葉を書き入れると関連性がはっきりしてきます。

（5）関係記号で関連性を確認し，全体像の概要をつかみましょう。
（6）空間配置と関係記号の記入を行います（図6）。
　ア．全体像の背景をイメージしながら，グループ編成した各まとまりの位置どりを考えます。できるだけまとまり同士の関係が交差しない位置どりにすると見やすくなります。

　　　配置と関係がチーム内で最終確認されて確定するまでは，修正できるように鉛筆書きで全体像の目安としておきます。
　イ．集まった山（グループ編成）の段階ごとに線で囲みます。
　　　表札の色をそろえて展開します。
　ウ．囲み線は外側に広がるにつれて線を太くすると見やすくなります。輪郭としての関係記号も鉛筆で書き込んでおきます。
　エ．関連図の配置が決定したら，まとまりにしていたカードをまとまりごとに展開し，用紙に貼り付けましょう。

図5　関係記号の種類

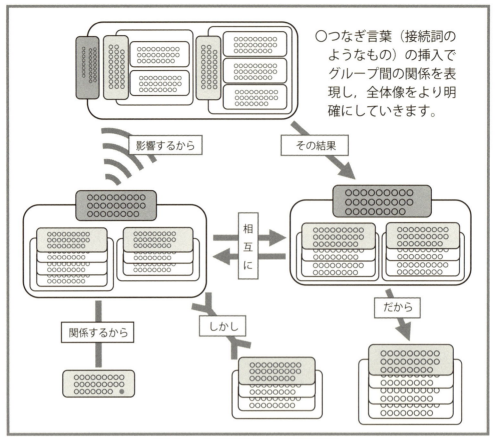

図6　空間配置と関係記号

<STEP 7　TPOを記入してチーム内で発表する>

ア．配置が終わって，山同士の相互関係の合意がなされたら，囲み線の周りに大きめの文字で表札の文言を表記し直すと，図が見やすくなります。さらに関係記号も書き込みます。

イ．図解化は，きれいに見やすいくしたほうが説得力が増します。

ウ．図解化が終わったら，関連図のテーマを記入します。図が主張する内容を吟味して，何のための関連図なのかを記入します。

エ．チーム内でグループの配置や関係記号とつなぎ言葉の合意確認ができたらTPOを明記します。

①テーマ

②いつ　……　作成日（〇〇年〇〇月〇〇日）

③どこで……　作成場所

④何を　……　データの出所
⑤誰が　……　作成者名（全員の名前を明記）

オ．できあがった関連図をチーム内で発表します。

①ストーリーとして説明する。

②大枠を説明してから細部の詳細を説明していくとわかりやすいようですが，逆に細部から大枠へと進めても差し支えありません。

※図の説明と同時に説明者の解釈を入れても差し支えありませんが，図の内容から逸脱しない範囲にとどめるのがよいでしょう。

③用紙に書き込んで完成した関連図は，テーマが見えるようにコンパクトに折りたたみ，学年別，または個別のファイルに綴じ込んでおくとよいでしょう。

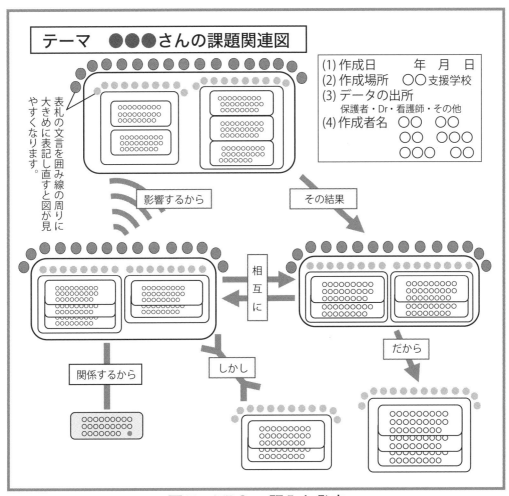

図7　TPOの記入と発表

第2節　指導目標と指導内容

　指導目標を設定する際，図解された関連図から全体像を確かめます。全体像から主たる課題は何かを検討し，課題関連図の最終目標を達成するために直接影響する課題を中心課題とします。また，中心課題の達成に影響する課題を基礎課題とします。さらに，中心課題が達成できたあとに，そこから影響を受けるであろう（将来的な見通しを持たせた）課題を発展課題とします。

　大枠でとらえるならば，中心課題が当面する目標であり，基礎課題と相互に関連させながら中心課題が達成されたあとのことを予測した発展課題が将来的な目標となります。

１．共有化と方向性を示す目安となる課題

（１）漠然とした見方から関連図により全体像を確認し，課題を共有化していきます。

（２）課題達成に向けての方向性を示す目安となる課題の共有化を図ります。

２．Plan（計画）の目安となる課題とDo（授業）の具体的な課題の設定

（３）目安となる課題から個々の特性に応じた具体的な課題の設定を図ります。

（４）目安となる目標が設定できたら，課題解決のための具体的な指導内容を設定します。

Do（授業）の具体的な指導課題
○指導内容を吟味し，中心的な課題が達成されるための具体的な内容を
　決定します。

第2章　課題設定に向けての課題関連図の作成手順

| 第3節 | 指導順序の決定 |

　課題関連図に基づいて，どの動作学習課題をどういう順序で取り上げるか
を決めていきます。

1．中心課題の選択

　作成された課題関連図を見ながら，目標を達成するために最も大切で実現
可能性のある課題はどれかを検討し，それを中心課題とします。

2．基礎課題の選択

　中心課題の達成に影響する（関連記号の矢印が中心課題に向かっている）要
因がどこにあるのかを検討し，それを基礎課題としていきます。

3．発展課題の選択

　中心課題が達成できたときに，そこから影響を受ける（関連記号の矢印が
中心課題から出ている）要因がどこにあるのかを検討し，それを発展課題と
します。

4．指導課題の実施順序の決定

　原則として，基礎課題から中心課題，発展課題へと展開していきますが，
子どもの興味や指導者の指導技術，学習の進み方によっては，必ずしもこの
順序でなければいけないわけではありません。

5．学習課題の実施における課題関連図の活かし方

（1）動作学習の実施と評価

　ア．課題を構造的・機能関連的にとらえ，成果の見通しを持った柔軟な課
　　題の選択が可能です。

　　　一つの学習課題がどのような位置づけを持っているのか，他の課題と
　　の関連でとらえやすくなるのです。そのため，その時々の子どもの状態
　　や動作学習の進み具合の確認を行ったり，指導者によって動作学習課題
　　が変わる場合に，課題関連図を用いることによって，課題の構造と相互
　　関連を踏まえながら成果の見通しを持って，柔軟に課題を選択すること
　　ができます。

　イ．動作学習経過を課題関連図に照らして，動作学習計画を評価し，修正
　　していきます。

子どもの動作学習の経過から，課題関連図のどの部分に子どもの変化
が見られたかが確かめやすくなります。成果が上がったところは，課題
関連図が正しかったこととなります。また，思うように成果が上がらな
かったところはどこかを確かめれば，その要因が何かを探るポイントに
なります。そして，課題関連図に重要な要因の見落としや不適切は関連
記号がないか検討し，新たに気づいた点を課題関連図に書き入れて修正
します。この作業は動作学習課題の取り上げ方を修正していくことにつ
ながってきます。

ウ．動作学習計画の共通理解を図る。

　子ども自身や保護者あるいは他の教師に，子どもの動作課題や学習に
ともなう変化，今後の見通しを説明する時に，課題関連図を示しながら
説明することで理解が得られやすくなります。

エ．子どもの長期的な変化を把握する。

　数年にわたる課題関連図を比較することで，子どもの長期的な動作変
化の様子を的確に把握することができるようになります。

第3章　自立活動における動作法の活用

| 第1節 | 動作法を活用した自立活動の授業づくりについて |

　自立活動の指導目標は個別の指導計画に基づいて定められます。ここから一単位時間で指導する具体的な年間目標や学期ごとの目標，指導内容を定めていく必要があります。

　動作法を自立活動の授業に活用してみましょう。
　まず，指導と評価の手順を確認します。
　A1〜A5までは動作法の指導の手順です。B1〜B5が一般的な授業の指導の手順です。動作法の指導においても目標に対して実態把握から指導目標，指導課題の設定，実践，効果の測定と課題の修正という流れがあります。これは一般的に学校教育で行う授業の流れと同じものといえます。ですから，動作法の指導プロセスを用いることで，自立活動の時間の指導における授業計画を考えることができます。

表　動作法と授業における指導の手順

動作法の指導プロセス	自立活動の授業計画のプロセス
A1：目標 A2：動作課題の観察と分析（構造化） A3：課題の設定（内容・手順） A4：動作法の実践 A5：効果の測定と課題の修正	B1：個別の指導計画でおさえられた自立活動の指導目標 B2：授業における実態把握 B3：授業における指導目標・内容の設定 B4：指導 B5：評価と修正

第3章　自立活動における動作法の活用

第2節　自立活動の授業計画を立ててみましょう

　ここでは，Aさん（脳性まひ），Bさん（自閉症）をモデルに，自立活動の時間の指導計画を実際に立ててみましょう。

<事例1>

Aさん

○中学1年生，脳性まひ。
○小・中学校の各教科等に準ずる教育課程で学習。
○手動車いすで移動できる。

◇個別の指導計画でおさえられた自立活動の指導目標

①自分の体調や姿勢に気づき，学校や家庭において学習した内容を主体的に活かそうとする態度を養う。
②動かしにくいところのゆるめや動きの学習をし，身体を支える力を保つことができるようにする。

☆ポイント
目標はどこにつながっていくのか，Aさんにとって身体を支える力を身につけることが何につながるのか，を把握しておくことが大切です。

実際の授業計画では，これをもう少し具体的な目標・内容にしたいですね。では次から3つのステップで紹介します！

実態把握

目標設定

指導と評価

第3章 自立活動における動作法の活用

「実態把握」をしてみましょう

身体を支える力を高めるためには，どこがどのように動くようになればいいのか，また，どんな学習が必要なのでしょうか？
第2章で説明した「課題関連図」を作ってみましょう。

①動作法の視点（目的動作，基本動作，下位動作課題）で，それぞれの姿勢や動きの仕方を観察し，カード化しました。

裸足での立位をとても怖がる	座位で背を起こす時，手を使ってしまう	装具をつけて立つと背を丸め，腰が後傾する	集中しにくく，周囲の話が気になる
SRC歩行器を使った歩行では，脚が内旋している	腰が後傾している	肩まわりがかたく上下に動かしにくい	足首のゆるめの学習中，もぞもぞと動いてしまう
足首の内反が見られる	股関節に内旋する力が入りやすい	姿勢が斜めになったままでも学習を進めている（教室）	身長が伸びて，装具も小さくなっている
……………………	……………………	………………………………	書字の時，前傾姿勢となる

☆ポイント
自立活動の時間の指導を教室内のどのような学習場面・生活場面と結びつけられるかという視点を持って整理することも大切です。

45

②集まったカードを図のような過程で整理しました。

- 装具をつけて立つと背を丸め，腰が後傾する
  - 立ったり歩いたりする時に，腕や首まわりに力を入れて支えようとしているのかな？
- SRC歩行器を使った歩行では，脚が内旋している
  - 両方の足裏でしっかりと身体を支えている実感がないのかも
- 教室での様子で気づいたこと（学習への取り組みにくさにつながっているのではないのかな？）
  - 姿勢が斜めになったままでも学習を進めている（教室）
  - 書字の時，前傾姿勢となる

- 体を起こしている時の使い方の特徴とその要因は，このあたりに……
  - 腰が後傾している
  - 肩まわりがかたく上下に動かしにくい
  - 足首の内反が見られる
  - 股関節に内旋する力が入りやすい

- 成長期に入り，装具やいすなどの環境調整も必要なのかな？
  - 身長が伸びて，装具も小さくなっている

- 立つ経験をしているのに，どうして？
  - 裸足での立位をとても怖がる
- 本人なりの動きがあるけれど，適切とはいえない？
  - 座位で背を起こす時，手を使ってしまう
- 足首のゆるめの学習中，もぞもぞ動いてしまう
- 真面目な性格なのに，気が散りやすいのかな？
  - 集中しにくく，周囲の話が気になる

③集まったカードのまとまりを関係づけました。

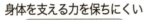

身体を支える力を保ちにくい
- 立位で身体を支えられない
- 書字の時，右へ傾いていく

動く時，首・肩に力を入れる
- 背が丸くなっている
- 肩まわりが動かしにくい

足裏で踏みしめられない　　腰がかたく，後傾している
- 立位や椅子座位で足指が浮いている
- 足首が内へ入る
- 脚が内旋する（特に左）
⇔
- 股関節が動かしにくい
- 腰が後傾している

観察で得たカードを読み返し，なぜそうなるのか背景要因を考えておくのも大切。

Aさんは，腰や股関節まわりにかたさがあり，座る時も腰が後傾してしまい，首や肩の力を使って姿勢を保ったり動いたりしてしまうんだね。また，しっかり踏みしめて立つことがしにくいことと相互に関係しているんだね。だから身体を支える力を保ちにくいんだ。

第3章　自立活動における動作法の活用

STEP2　課題を構造化して指導目標・指導内容を決めましょう

　課題関連図ができたら，関連図から中心課題，基礎課題，発展課題を設定します。

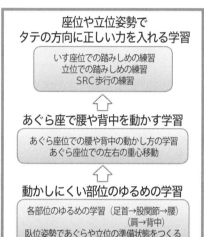

＜指導目標＞
①足首や肩など動かしにくい部位をゆるめることができるようにする。
②あぐら座で腰や背中を動かすことができるようにする。
③座位や立位で安定した姿勢を保てるようにする。

　これらの目標に対して，はじめに取り組んだモデルパターンは次の5つです。

【ゆるめの課題】
○足首のゆるめ　○股・腰のゆるめ　○首・肩のゆるめ
【動きの課題】
○左右の重心移動（あぐら座）　○腰の上げ下ろし（あぐら座）

モデルパターンのくわしい内容は第4章を見てね。

年間指導計画の例

◇Aさんの年間指導計画（指導目標・指導内容）

年間指導目標
①自分の体調や姿勢に気づき，学校や家庭において学習した内容を主体的に活かそうとする態度を養う。
②動かしにくいところのゆるめや動きの学習をし，身体を支える力を保つことができるようにする。

学期の目標	指導内容
1学期の目標 ○姿勢や身体の動き，その変化に気づくことができる。 ○身体各部位のリラクセーションや正しい動かし方がわかる。 ○座位姿勢が安定する。	○あぐら座位での腰や背中，腕の動かし方を学習前後で比較する。 ○股や腰まわりのリラクセーションと正しい動かし方の練習をする。 ○あぐら座位での腰や背中の動かし方の練習をする。
2学期の目標 ○姿勢や身体の動き，その変化に気づくことができる。 ○身体各部位のリラクセーションや正しい動かし方がわかる。 ○座位姿勢が改善し安定する。	○あぐら座位での腰や背中，腕の動かし方を学習前後で比較する。 ○股や腰まわりのリラクセーションと正しい動かし方の練習をする。 ○あぐら座位での腰や背中の動かし方の練習をする。
3学期の目標 ○姿勢や身体の動き，その変化に気づくことができる。 ○身体各部位のリラクセーションや正しい動かし方がわかる。 ○安定した座位姿勢で上肢を動かすことができる。	○あぐら座位での腰や背中，腕の動かし方を学習前後で比較する。 ○股や腰まわりのリラクセーションと正しい動かし方の練習をする。 ○肩や背中のリラクセーションと正しい動かし方の練習をする。 ○あぐら座位での腰や背中の動かし方の練習をする。 ○あぐら座位で腕をまっすぐに上げたり下げたりする。

☆ポイント
この計画はあくまで仮説です。子どもの学習経過や時間などの条件で計画を随時修正していく，指導のPDCA（PLAN-DO-CHECK-ACTION）のサイクルが大切です。

第3章　自立活動における動作法の活用

授業の実施と評価・修正

Aさんの1年間の変容

　1学期は，身長の伸びも著しく，座位姿勢で右に傾き，前傾になる様子が見られ，腰の痛みを訴えていました。足首や腰などのゆるめの学習で，触れられているところや動かしにくいところに注目し，指導者にまかせられるようになりました。授業の最初には背筋を伸ばして保持することが難しかったのですが，足首や股・腰まわりをゆるめる学習のあとは，最初のあぐら座と比べて「あーちがう！」と前後の違いが実感できるようになりました。

　2学期は，授業の最初に「先週より左の股がかたい」などと普段の自分と比べて自己評価できるようになりました。足首や股・腰まわりをゆるめる学習のあと，あぐら座での左右の重心移動の練習や，腰や背中を動かす練習をすると，腰が動かしやすくなり，手を使わずに背筋を伸ばす方向への力が入れられるようになりました。また，学校行事や定期テストなどのあとに，腰痛や疲れが出やすいことに自分から気づけるようになりました。

　3学期は，普段の生活で身体の状態への意識が高まってきました。授業ではその日の状態に合った学習を教師と一緒に考えて進めました。身体の学習では，股・腰まわりと腕・肩まわりのゆるめの学習を行ったあと，あぐら座で上体の動きの練習を行いました。お尻でしっかり座ることができるようになり，腕を上げていく動きも最初よりスムーズになったことに気づけました。また，一人でできるゆるめや動きの学習を習得し，この宿題をやれば自分の姿勢が整うという自信がついて，家庭でも実施する習慣が身につきました。

　この1年で身体への意識が高まり，自分のその日の状態を確認し，身体の学習の前後での変化に気づけるようになりました。また，自分一人でできる身体の学習を習得し，家庭でも身体の学習を行う習慣を身につけることができました。さらに，授業中の姿勢の崩れにも気づくようになり，授業の最初に姿勢を正す習慣が身につきました。

Aさんは，はじめは基礎課題として足首や腰などのゆるめの学習を大切にして進めたのだけど，次第に自分の状態に気づいたり自分でゆるめたりすることが上手になってきたので，2学期からは股や腰，背中を使うことに重点を置きました。
しっかりお尻で身体を支えられるようになったので，3学期は腕や手の動かし方や，座位で手を使う学習に進んでいったよ。

<事例2>

　身体の動きの調整をする力が高まると，自分の気持ちをコントロールしやすくなり，行動面に変容が見られることが多くあります。
　自立活動の時間における指導で，動作学習により自己コントロール力を高めたことで，学校生活の中で行動面に変容が見られた事例を紹介します。

Bさん

○小学部5年生，自閉症。
○知的障害特別支援学校で学習。
○日常的に興奮が高まりやすく，予期しない予定変更などには大きなパニックや自傷行為が見られる。

◇個別の指導計画でおさえられた自立活動の指導目標

①自己の気持ちや身体の状態に気づき，自分でコントロールすることができるようにする。

第3章　自立活動における動作法の活用

「実態把握」をしてみましょう

①動作法の視点（単位動作，生活動作，モデルパターン）で，それぞれの姿勢や動きの仕方を観察し，カード化しました。

見通しが持てないと，部屋から出ようとする	あぐら座位は背を丸めて保つ	足首の力が抜きにくい	右に重心をのせるのが難しい
膝立ちはできるが動かせる範囲は狭い	寝た姿勢でも首・肩まわりに力を入れている	腕上げではかたさにあたると肩をはずすなどして自分なりに動かそうとする	
首・肩・腰まわりにかたさがあり，自分で動かしにくい	背中を伸ばそうとすると首と肩に力が入る		座位で手を上げようとすると股に閉じる力が入る
立位で踵が浮きやすい	あぐら座位で腰が後傾している	ハイタッチはするが，目が合わない	………………………
	………………………	………………………	………………………

☆ポイント
行動面に特性のある子どもの実態把握では，モデルパターン姿勢をとるまでの様子や他者への対応などもカードにします。
整理する時は，行動面の特性を動きのしにくさと関係づけて考えることが大切です。

51

②集まったカードを図のような過程で整理しました。

- 見通しが持てないと，部屋から出ようとする
- ハイタッチはするが，目が合わない

実際の生活場面でも見られる様子。気持ちが高まると自分で調整できない。他者への反応が少ない

- 背中や腕の動きが少なく，他のところで頑張っている。腰まわりの課題と関係があるのかな？
- 座位で手を上げようとすると股に閉じる力が入る
- 背中を伸ばそうとすると首と肩に力が入る
- あぐら座位は背を丸めて保つ

- 腕上げではかたさにあたると肩をはずすなどして自分なりに動かそうとする
- 寝た姿勢でも首・肩まわりに力を入れている

本人なりの動きがあるけれど，自分の状態や課題の動きに注意は向きにくい

- 足首の力が抜きにくい
- 立位で踵が浮きやすい

両方の足裏でしっかりと身体を支えている実感が持ちにくそう

- 膝立ちはできるが動かせる範囲は狭い
- あぐら座位で腰が後傾している
- 首・肩・腰まわりにかたさがあり，自分で動かしにくい
- 右に重心をのせるのが難しい

首・肩・腰まわりがかたく動かしにくい。他の姿勢や動きに影響しているのかも……

③集まったカードのまとまりを関係づけました。

- 他者への気づきは少ない。興奮状態が収まりにくい
- 立位で踏みしめた立ち方や実感を持つことが難しい
- うまく腰を起こした姿勢がとりにくく，肩や首に力を入れて動かそうとする
- 自己の状態への気づきが少ない
- 足首，首や肩，腰まわりなど身体各部にかたさや動かしにくさがある

Ｂさんは，首や肩に慢性的に力を入れていて，自分の身体の状態への気づきが少なく，自分で踏みしめて座る・立つ実感が持ちにくいみたい。肩や首に力が入りやすいのは，特に足首や腰の動かしにくさが関係していそうだね。自分の身体の状態や動きへの新しい気づきが高まれば，気持ちが高まった時に自分なりにコントロールできるようになっていくかも。

第3章　自立活動における動作法の活用

STEP2 課題を構造化して指導目標・指導内容を決めましょう

 発展課題

 中心課題

基礎課題

立位で足裏でしっかり踏みしめて立つ学習
　立位での踏みしめ

あぐら座位や側臥位で腰を自分で動かす学習
　腰の前後の動作（側臥位）
　腰の上げ下ろし（あぐら座位）

身体各部の緊張に気づいてゆるめたり，一緒にゆっくり動かしたりする学習
　足首のゆるめ
　躯幹のひねり
　肩の上げ下ろし（あぐら座位）
　腕上げ動作

＜指導目標＞
①足首や腰・肩などの力をゆるめ，リラックスした状態を味わうことができるようにする。
②援助の動きに合わせて腕や腰を動かすことができるようにする。
③立位でしっかり踏みしめて立つことができるようにする。

これらの目標に対して，主に取り組んだモデルパターンは次の8つです。

【ゆるめの課題】
○足首のゆるめ　○躯幹のひねり　○肩の上げ下げ（あぐら座位）
【動きの課題】
○腕上げ動作　○躯幹のひねり（側臥位）
○腰の上げ下ろし（あぐら座位）　○左右の重心移動（立位）
○膝の曲げ伸ばし（立位）

☆ポイント
行動障害の子どもの場合は，学習姿勢を整えるまでが大きなステップの一つです。あせらず少しずつ関係をつくっていきましょう。また，やることをカードで視覚化したり，回数を決めたり，ニュートラルスペースをつくったりして，学習環境を整える配慮も合わせて考えましょう。
モデルパターンのくわしい内容は第4章を見てね。

年間指導計画の例

◇Bさんの年間指導計画（指導目標・指導内容）

年間指導目標
○動きの学習を通して自己の身体の状態への気づき，自分で緊張をゆるめたり適度な力を入れたりすることができるようにする。

学期の目標	指導内容
1学期の目標 ○足首・腰・肩に入る力や動かしにくさに気づき，自分でゆるめられる。 ○リラックスした状態を保つことができる。 ○寝た姿勢で援助の動きに気づいて一緒に腕を動かすことができる。	○寝た姿勢で足首をゆるめる。 ○躯幹をひねる動きの中で，腰をゆるめる。 ○座った姿勢で肩をゆるめる。 ○援助者と一緒に腕を上げたり下げたりする。
2学期の目標 ○あぐら座位で「腰（肩）を上げる（力を入れて止める），下ろす（抜いて止まる）」動きができる。	○寝た姿勢で足首・腰・肩をゆるめる。 ○寝た姿勢で自分で腰を前後に動かす。 ○あぐら座位で，自分で腰を上げたり下ろしたりする。
3学期の目標 ○立位で足首・膝・腰を合わせて動かし，踏みしめた立ち方ができる。	○寝た姿勢で足首・腰・肩をゆるめる。 ○立位で左右に重心を移動させる。 ○立位で脚を少し曲げて伸ばす。

☆ポイント
- まずは本人が触れられても嫌でないところ・内容を見つけてゆっくり進めましょう。
- 課題解決に向けて「援助を受けて」→「少ない援助で」→「自分で」と少しずつ援助を減らして自分でコントロールできるように援助していきます。

第3章 自立活動における動作法の活用

授業の実施と評価・修正

Bさんの1年間の変容

　1学期のはじめはじっと寝ていることも難しく，援助者の関わりに対し，その場から離れることも多く見られました。肩は受け入れやすく，肩の上げ下ろしの課題から取り組みました。はじめは課題に注意が向かない様子でしたが，次第に援助の動きに抵抗するような本人の動きが見られるようになりました。その後，ゆっくり動かしたり止めて待ったりすると，合わせて動かそうとしたり，まかせたりするやりとりができるようになってきました。やりとりを継続する中で，肩に入る力に気づき，ゆるめることがスムーズにできるようになり，足首や腰まわりをゆるめることもできるようになってきました。

　2学期には，カードを使って一緒に学習内容を組み立てていきました。ゆるめの課題もスムーズに力を抜けるようになってきて，寝た姿勢でしばらくリラックスした状態を味わえるようになってきました。動きの課題では，はじめは腰を動かそうとすると肩に力が入りやすかったのですが，次第に上達し，軽く触れるだけで腰を前後に動かせるようになってきました。

　3学期には，これまでの課題にさらに習熟したので，学習の中心を立位で踏みしめて立つ動きにしました。左右の重心移動では足首に力が入りやすく，まだ自分でスムーズに重心移動をすることは難しいですが，援助の動きがあるとそれを感じて一緒に動かすことができ，足裏全体で踏みしめて立つことができるようになってきました。しっかり踏めた時は動きを止めてじっと味わっている様子が見られました。

　学校生活の中では，かかとをつけて立つようになり，気持ちが高まりすぎた時は，声かけをして少し肩に触れてもらうと，自分で胸に手をあてて「ふー……」と何度か息を吐きながら力を抜こうとする姿が見られ始めました。

Bさんは，はじめはじっと寝ていることも難しく，常に身体のどこかが動いていましたが，次第に動きを止めて身体の感じに気づく様子が増えてきました。また援助者のかかわりにも気づき，ゆるめる課題でやりとりができるようになっていきました。2学期からは自分でやることを書いたカードを並べて取り組むようになり，援助者と一緒に動かしたり，自分でゆっくり動かしたりすることが上手になっていきました。
学校生活の中でも，かかとをつけて立つようになり，気持ちが高まりすぎた時にも少しの援助があれば，自分で気持ちをおさめられる様子が見られるようになってきたよ。

> ブレイクタイム ◇ ちょっと一工夫

自立活動の指導場面での動作法の活用

Q：動作法は自立活動のどのような目標設定場面で活用できますか？

A：動作法は自立活動の6区分のいずれにも直接的・間接的に活用できます。

　以下に，主な課題設定の例を紹介します。

目的とする動作に関する目標
- 安定した姿勢の獲得
- 安定した姿勢の保持を図る
- 歩行能力の維持
- 日常生活動作の維持・改善　……など

やりとりや課題性に関する目標
- 身体を通したやりとりを体験する
- 身体をコントロールする感じを味わいながら先生と一緒に身体を動かす　……など

自分の身体への主体的なかかわりに関する目標
- 自己の身体の状態に気づく
- 身体のリラクセーションを図り，心身ともにリラックスした状態を保てる　……など

情緒の安定に関する目標
- ゆったりと他者に身体をまかせて，心身ともにリラックスした状態を保てる
- 自分の身体の状態に目を向け，身体をコントロールすることを通して情緒の安定を図る　……など

　動作法は動作課題によって相手が感じる心理的な体験を大切にしています。ですので，障害の重い子どもや発達障害のある子どもの自立活動においても幅広く活用されています。

第3章　自立活動における動作法の活用

$$\boxed{\text{ブレイクタイム ◇ ちょっと一工夫}}$$

動作法を活用した自立活動の評価について

　指導の成果が上がっているか，または変化する子どもの状態に応じて指導の見直しができているかについて確認しながら指導を進めるために，以下の2点から形成的評価を行います。

　　・到達度評価 → 一定の指導によって到達目標が達成できたかどうか
　　・進歩の評価 → 子どもの学習経過そのものを評価

　動作法を活用した指導の際は，実施した動作課題と子どもの反応を記録していきます。その際に，心理面に着目した評価と身体面（運動・動作）に着目した評価が考えられます。

心理過程
・自分への気づき
・自分の理解
・他者への気づき
・他者への理解

身体過程
・感覚（入力，出力）
・ボディイメージ
・運動，動作
・身体の使い方

　これらの記録を授業計画の際に作成した「課題関連図」と照らし合わせて指導の見直しをしていくと，子どもの変容や経過がわかりやすくなります。

　1年間の指導の成果は総括的評価としてまとめます。また，自立活動の時間における指導を子どもの学校生活全体における課題と関連させて評価していくことが大切です。

　なお，質的な評価の記録方法として，カードによる記録と整理の方法もあります。

第４章　モデルパターンの進め方とチェックポイント

本章の構成と使い方

①構成
- 本章は，次の3部から構成されています。
   ＜STEP 0　はじめの一歩＞
   ＜STEP 1　ゆるめの課題＞
   ＜STEP 2　動きの課題＞
- 見開き2ページに1つの練習を紹介しています。

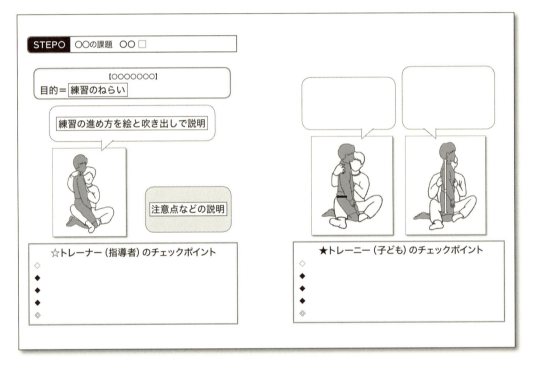

　モデルパターンによって，さらに注意点などが記入された囲みがある場合もあります。

　ねらい，練習の進め方を確認するだけでなく，練習した結果について，指導者側，子ども側それぞれのチェックポイントを参考に評価したり振り返ったりすることができます。

第4章　モデルパターンの進め方とチェックポイント

②チェックポイントについて

　モデルパターンを用いて学習を進める際に，チェックポイントを活用しましょう。チェックポイントを用いて，その学習の経過を評価することができます。

　評価の視点は，モデルパターンによる動きができたか，できないか，ではありません。子ども自身が，自分の身体や身体の動きについて何をどのように学ぶのかがわかり，じっくりと繰り返し取り組めるように，その学習の過程をていねいに評価していきましょう。

　そのため，トレーナー（指導者）のチェックポイントは，子どもが課題解決に取り組む，その学習過程を支えるかかわりを視点にしています。また，トレーニー（子ども）のチェックポイントは，練習の開始から，練習に取り組む過程の中で見られた子どもの活動の様子を視点にしています。

指導者側のチェックポイント	子ども側のチェックポイント
◇は，準備状態の確認 ◆は，子どもへの触れ方，かかわり方，感じ取り方にかかわること ◎は，評価の仕方にかかわること	◇は，学習にとりかかるまでの準備 ◆は，（自分自身の身体の状態や）課題への気づき方，課題解決（に向けての取り組み方と結果） ◎は，課題解決後の心理状態

　文頭のマークは指導者と子どもで対応しています。学習過程を評価する時，指導者は，「どうできていたか」子どもの身体に触れている手ざわりの違いで感じ取ることが大切です。

　指導者，子どものチェックポイントは，表裏一体です。子ども自身が，このチェックポイントに沿って，その練習を振り返ることができます。また，子どもが自身でチェックすることが難しい場合にも，指導者が手で伝えたことが子どもにどう伝わっていたかを推察するポイントとして使うことができます。［関連するページ：第1章18ページの「(5) 動作体験（気づき）」]

61

STEP 0　はじめの一歩　モデルパターンのポイント

【はじめの一歩】
目的：どのモデルパターンにも共通するポイントを確認しましょう。
　　　モデルパターンによる指導の流れに沿って，首・肩のゆるめを例にして，5つのポイントを解説します。

どのモデルパターンにも共通する指導者側の5つのポイント

①準備状態の確認……お互いに無理のない姿勢から始めます。

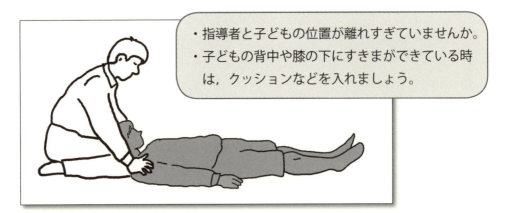

・指導者と子どもの位置が離れすぎていませんか。
・子どもの背中や膝の下にすきまができている時は，クッションなどを入れましょう。

②触れ方……手のひらで包むように触れます。

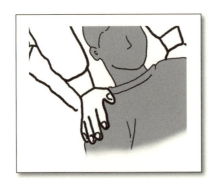

・「肩に触れるよ」など，触れる時に声をかけるように配慮しましょう。
・指導者の指先に力が入りすぎていませんか。

第4章　モデルパターンの進め方とチェックポイント

③**かかわり方**……手のひらで方向を伝えます。はじめと終わりの合図（言葉かけと手ざわり）も忘れずに伝えましょう。

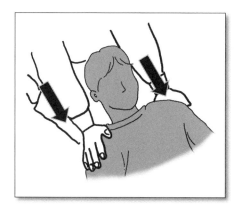

- 「始めるよ」「戻るよ」「せーの」などと言葉をかけ，子どもと息を合わせて進めましょう。

④**感じ取り方**……指導者は，子どもの体験を予測しながら，手ざわりの違いを感じ取りましょう。

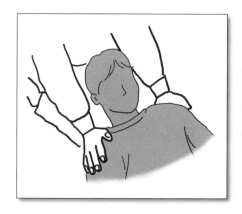

- 手ざわりで，子どもの動きの止まったところや，動きがぎこちなくなったところを，感じ取りましょう。

⑤**評価の仕方**……できたことだけでなく，子どもの取り組み方の変容も評価しましょう。

＊子どもとのやりとりを深めていくために，指導者の表情や言葉かけも大切にしましょう。

STEP 1　ゆるめの課題　臥位 １

【首・肩のゆるめ①】
目的：首や肩の力を抜いて，心地よく身体に向かうための準備をしましょう。

❶子どもは仰向けになります。指導者は，子どもの頭側から，手のひら全体で両肩を包むようにして触れます。

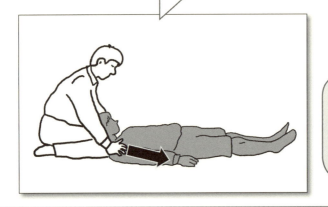

子どもが頭を持ち上げてしまう場合は，座布団や指導者の膝に頭をのせて姿勢を安定させましょう。

☆トレーナー（指導者）のチェックポイント

◇子どもが無理のない姿勢でいることを確かめた。

◆手でやさしく，包み込むように触れた。

◆ゆっくりと肩をゆるめる方向（矢印）を伝えた。

◆止まったところ（動かしにくいところ）が手ざわりでわかった。

◆止まったところから，力が抜けたのがわかった。ゆるみを感じられた。

◎子どもがゆるんだ状態やゆるめられた状態を味わっている様子を確かめた。

第4章　モデルパターンの進め方とチェックポイント

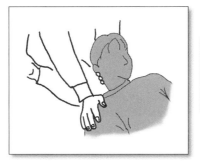

肩の動きが感じ取りにくい場合，首・肩の左右のかたさの差が大きい場合は，片方ずつゆっくり進めましょう。

❷手のひらの重みで，ゆるめたい方向（矢印）をゆっくり伝えます。

❸肩の動きが止まったら3つ数えて，力が抜ける感じがしたらゆっくり戻します。

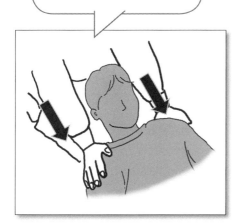
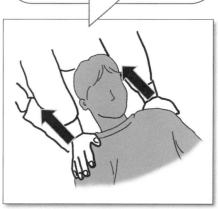

★トレーニー（子ども）のチェックポイント

◇無理のない姿勢であることを確かめた。

◆触れられたこと（場所）に気づいた（注意を向けていた）。

◆肩が下がる方向の援助に気づいた。

◆止まるところ（動かしにくいところ）がわかった。

◆力が抜けたのがわかった。ゆるみを感じられた。

◇終わったあとにリラックスした状態でいられた。

STEP 1　ゆるめの課題　臥位 ②

【首・肩のゆるめ②】
目的：首や肩の力を抜いて，心地よく身体に向かうための準備をしましょう。

❶子どもは横向きに寝ます。腰が反ってしまう時は，上側の脚を曲げて，楽な姿勢をとらせてあげましょう。指導者は，背中側から子どもの肩と肘の少し上を支えます。

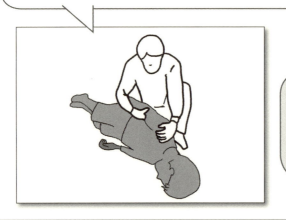

子どもが頭を持ち上げてしまう場合は，小さい座布団などを入れて頭を安定させましょう。

☆トレーナー（指導者）のチェックポイント

◇子どもが無理のない姿勢でいることを確かめた。

◆手で肩をやさしく，包み込むように触れた。

◆肩を下げる方向（矢印）を伝えた。

◆止まるところ（動かしにくいところ）がわかった。

◆止まったところから，力が抜けたのがわかった。ゆるみを感じられた。

◎子どもがゆるんだ状態やゆるめられた状態を味わっている様子を確かめた。

第4章　モデルパターンの進め方とチェックポイント

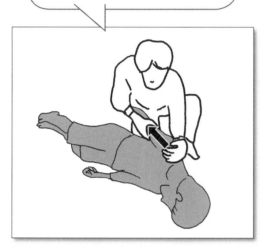

❷子どもと指導者が，一緒に首と肩のゆるみを感じ取りながら，肩にあてた手で，腰に向かって真下の方向を伝えます。

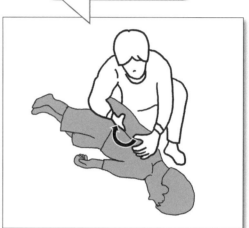

❸やや内側，やや外側に向かった方向へのゆるみも感じ取りましょう。

★トレーニー（子ども）のチェックポイント

◇無理のない姿勢であることを確かめた。

◆触れられたこと（場所）に気づいた（注意を向けていた）。

◆ゆっくりと肩を下げる方向の援助に気づいた。

◆止まるところ（動かしにくいところ）がわかった。

◆力が抜けたのがわかった。ゆるみを感じられた。

◎終わったあとにリラックスした状態でいられた。

STEP 1　ゆるめの課題　臥位 ③

【腕上げ動作】
目的：肩の力を抜いて，腕を動かしやすくする練習です。

❶子どもは，仰向けに寝ます。指導者は，手首と肘のやや上を手のひらで包み込むように支えます。

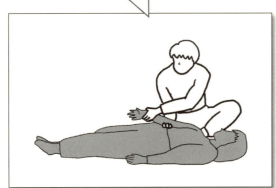

腕が上げにくい時は，肩が上がっていないか確認しましょう。肩に力が入ってしまう場合は，軽く肩をブロックして進めてみましょう。

☆トレーナー（指導者）のチェックポイント

◇子どもが無理のない姿勢でいることを確かめた。

◆肘と手首をやさしく，包み込むように触れた。

◆ゆっくりと腕を上げていく方向を伝えた。

◆止まるところ（動かしにくいところ）が，手ざわりの違いでわかった。

◆止まったところから，力が抜けたのがわかった。ゆるみを感じられた。

◇子どもがゆるんだ状態やゆるめられた状態を味わっている様子を確かめた。

第4章 モデルパターンの進め方とチェックポイント

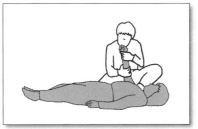

はじめのうちは，腕を垂直に上げたところから，前後30度ぐらいの幅で動かすのもよいでしょう。

❷手のひらが内側を向くようにしたまま，身体の正中を通るような軌跡で挙上していきます。

❸肘を曲げたり，上げたりする方向に動かしにくいところがあったら，一度手を止め，ゆるみが感じられるまで待ちましょう。ゆるみが感じられたら，ゆっくりと戻しましょう。

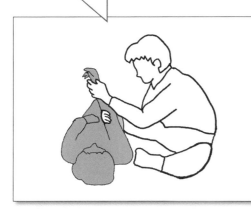

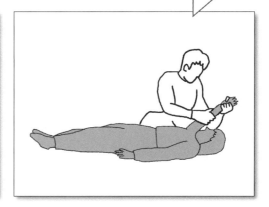

★トレーニー（子ども）のチェックポイント

◇無理のない姿勢であることを確かめた。

◆触れられたこと（場所）に気づいた（注意を向けていた）。

◆肘や肩に力を入れずに，腕の動いていく方向を感じた。

◆止まるところ（動かしにくいところ）がわかった。

◆力が抜けたのがわかった。ゆるみを感じられた。

◎終わったあとにリラックスした状態でいられた。

| STEP 1 | ゆるめの課題　臥位 4 |

【股・腰のゆるめ】
目的：股・腰まわりの力を抜く練習です。

❶子どもは仰向けに寝ます。指導者は，膝の少し上を，両手で軽くはさむように触れます。矢印の方向にゆるみを感じながらゆっくり引いていきます。

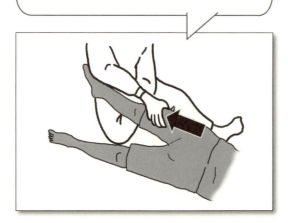

☆トレーナー（指導者）のチェックポイント

◇子どもが無理のない姿勢でいることを確かめた。

◆手で膝の少し上をやさしく，包み込むように触れた。

◆手で包んでいるところから，ゆっくりと方向（矢印）を伝えた。

◆止まるところ（動かしにくいところ）が，手ざわりの違いでわかった。

◆止まったところから，力が抜けたのがわかった。ゆるみを感じられた。

◇子どもがゆるんだ状態やゆるめられた状態を味わっている様子を確かめた。

第4章 モデルパターンの進め方とチェックポイント

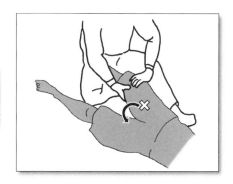

股関節に脱臼や亜脱臼がある場合は，悪化してしまう恐れがあるため，内側へひねる動きはやりません。

❷止まるところ，動かしにくいところで一度止め，力が抜けるのを待ちましょう。

❸子どもがゆるみを感じられるように，ゆっくりと元の位置まで戻しましょう。

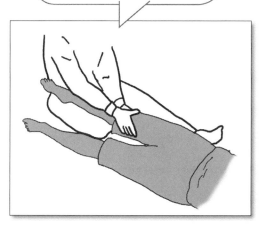

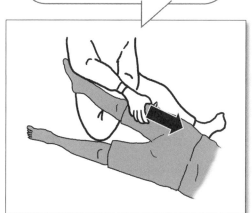

★トレーニー（子ども）のチェックポイント

◇無理のない姿勢であることを確かめた。

◆触れられたこと（場所）に気づいた（注意を向けていた）。

◆矢印の方向への援助に気づいた。

◆止まるところ（動かしにくいところ）がわかった。

◆力が抜けたのがわかった。ゆるみを感じられた。

◇終わったあとにリラックスした状態でいられた。

STEP 1　ゆるめの課題　臥位 5

【足首のゆるめ】
目的：足首の力を抜き，足首を動かしやすくする練習です。

❶子どもは仰向けに寝ます。子どものかかとを手のひらで包み，もう片方の手は足の甲に重ねます。

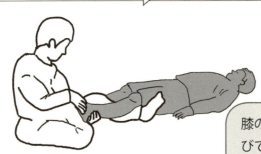

膝の後ろが浮いたり，反対に膝がピンと伸びてしまったりする時は，膝を軽く曲げてもよいように，膝裏に指導者の脚をクッションのように入れてあげましょう。

☆トレーナー（指導者）のチェックポイント

◇子どもが無理のない姿勢でいることを確かめた。
◆手でかかとと足の甲を包み込むように触れた。
◆手でかかとからゆっくりと引き，方向を伝えた。
◆止まるところ（動かしにくいところ）が，手ざわりの違いでわかった。
◆止まったところから，力が抜けたのがわかった。ゆるみを感じられた。
◎子どもがゆるんだ状態やゆるめられた状態を味わっている様子を確かめた。

第4章　モデルパターンの進め方とチェックポイント

❷包んだかかとを矢印の方向に軽く引きながら，続いて足の甲側も同じように矢印の方向にゆっくり伸ばしていきます。

❸ゆるみを感じたら，足の甲側からゆっくり戻します。その後，かかと側もゆっくりと元の位置に戻しましょう。

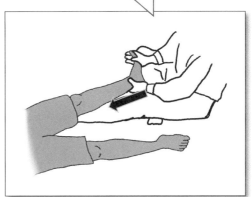

★トレーニー（子ども）のチェックポイント

◇無理のない姿勢であることを確かめた。

◆触れられたこと（場所）に気づいた（注意を向けていた）。

◆ゆっくりとかかとの後ろから足首を伸ばす方向の援助に気づいた。

◆止まるところ（動かしにくいところ）がわかった。

◆力が抜けたのがわかった。ゆるみを感じられた。

◎終わったあとにリラックスした状態でいられた。

STEP 1　ゆるめの課題　臥位 6

【躯幹のひねり】
目的：体躯の力を抜いて，全身をリラックスさせる練習です。

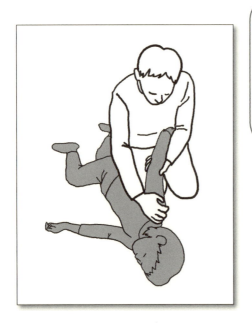

❶子どもは，横向きに寝ます。指導者は，子どもの後ろ側に位置し，脚で壁をつくるようにして，子どもの腰が倒れてこないようにしっかりと支えます。

☆トレーナー（指導者）のチェックポイント

◇子どもが無理のない姿勢でいることを確かめた。

◆手で肩をやさしく，包み込むように触れた。

◆肘と肩を支え，ゆっくりと体幹をひねる方向を伝えた。

◆止まるところ（動かしにくいところ）が，手ざわりの違いでわかった。

◆止まったところから，力が抜けたのがわかった。ゆるみを感じられた。

◎子どもがゆるんだ状態やゆるめられた状態を味わっている様子を確かめた。

第4章　モデルパターンの進め方とチェックポイント

❷指導者は，手を子どもの肩にそっとのせ，手の重みで胸を広げる方向を伝えます。ゆるみを感じ取りながら，その方向に合わせていきます。

❸子どもの身体の動きが止まったところで，指導者も手を止めて待ちます。背中にさらにゆるみを感じたら，ゆっくりと元の位置に戻します。

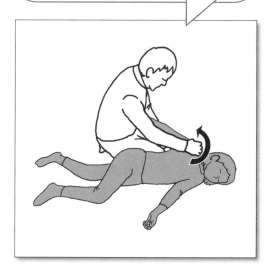
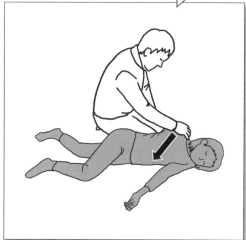

体幹のゆるみが感じ取りにくい場合は，首・肩のゆるめ（STEP 1 －臥位②）にじっくり取り組み，肩まわりのゆるみがしっかりと感じられるようにしましょう。

★トレーニー（子ども）のチェックポイント

◇無理のない姿勢であることを確かめた。

◆触れられたこと（場所）に気づいた（注意を向けていた）。

◆上体をひねる方向の援助に気づいた。

◆止まるところ（動かしにくいところ）がわかった。

◆力が抜けたのがわかった。ゆるみを感じられた。

◎終わったあとにリラックスした状態でいられた。

STEP 1　ゆるめの課題　座位 ①

【背の反らしゆるめ】
目的：首・肩・背の力を抜いて背筋を伸ばす練習です。

❶子どもは，あぐら座または楽座になります。指導者は，後ろから子どもの肩に軽く手をのせます。

❷子どもの上体が前傾するよう，肩に軽く触れて方向を伝えます。

首の支え方

お尻に体重がのせやすくなるよう，骨盤を少し立てた状態で進めるのがポイント。

☆トレーナー（指導者）のチェックポイント

◇子どもが無理のない姿勢でいることを確かめた。

◆骨盤が倒れないように，しっかりと支えができた。

◆指導者の支えた脚に沿わせるよう，ゆっくりと方向を伝えられた。

◆肩や股などに力が入ったり，身体の動きが止まるところがわかり，待つことができた。

◆ゆるみがわかり，タイミングよくほめた。

◎子どもの背中がゆったりと伸びたり，お尻にどっしりと座った感じになったのを確かめた。

第4章　モデルパターンの進め方とチェックポイント

> 骨盤を少し立てた状態を維持できるよう，腰から背にかけて指導者のすねの外側を軽くあてておきましょう。

> ❸子どもの上体を指導者の脚に沿わせるように，肩に触れた手を軽く後ろへ引くようにして，反らす方向を伝えます。

> ❹子どもが身体を縮ませるような手ざわりがなくなるまで待ち，ゆっくりと元の位置まで上体を戻します。

★トレーニー（子ども）のチェックポイント

◇無理のない姿勢であることを確かめた。

◆触れられたこと（場所）に気づいた（注意を向けていた）。

◆背中にあてられた脚を手がかりに，身体をゆっくりと傾けられた。

◆止まるところ（動かしにくいところ）がわかった。

◆力が抜けたのがわかった。ゆるみを感じられた。

◇終わったあと，お尻にどっしりと体重を感じ，リラックスした状態でいられた。

STEP 1　ゆるめの課題　座位 2

【肩のゆるめ】
目的：肩の力を抜いて，動きの幅を広げる練習です。

❶子どもは，あぐら座または楽座になります。指導者は，後ろから子どもの肩に軽く手をのせます。

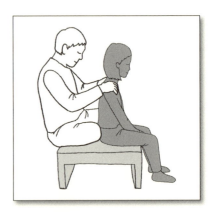

STEP 1 －座位 1 と同様に，子どもの骨盤を立てた状態で，身体を起こして進めるようにしましょう。

股が開きにくい等，あぐら座がとりにくい場合は，箱型のいすに座った姿勢で行うことも有効です。

☆トレーナー（指導者）のチェックポイント

◇子どもが無理のない姿勢でいることを確かめた。
◆骨盤を起こしたところで支え，肩を包み込むようにやさしく触れた。
◆肩にやさしく触れ，ゆっくりと下げる方向を伝えた。
◆止まるところ（動かしにくいところ）がわかった。
◆肩の力が抜けたのがわかった。ゆるみを感じられた。
◎子どもがゆるんだ状態やゆるめられた状態を味わっている様子を確かめた。

第4章 モデルパターンの進め方とチェックポイント

> 背中を反らせたり，丸めたりする力が入らないよう，背に軽く指導者の脚（すねの外側）をあてておくのもよいでしょう。

> ❷肩にのせた手の重みで，下方向（矢印）にゆるみを伝えましょう。肩の力が抜ける，背中に入った力が抜けるのを感じ取れたら，ゆっくりと元の位置に戻しましょう。

> ❸ゆるみが感じ取りにくい場合は，片側ずつ，ゆっくり進めましょう。

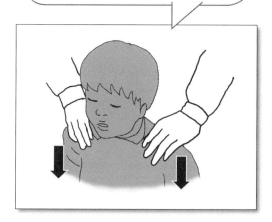
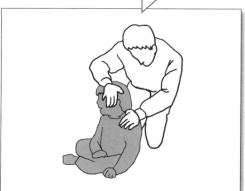

★トレーニー（子ども）のチェックポイント

◇無理のない姿勢であることを確かめた。

◆触れられたこと（場所）に気づいた（注意を向けていた）。

◆肩を下げていく方向がわかった。

◆止まるところ（動かしにくいところ）がわかった。

◆力が抜けたのがわかった。ゆるみを感じられた。

◎終わったあと，肩まわりがリラックスした状態でいられた。

STEP 1　ゆるめの課題　座位 ③

【躯幹のひねり】
目的：体幹と股まわりの力を抜く練習です。

❶子どもはあぐら座，または楽座になります。指導者は後ろから子どもの肩と肘を支えます。

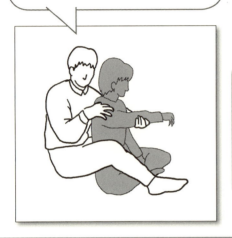

子どもが体幹をひねる際に，腰が後傾したり，膝が閉じたりしてこないかを知る手がかりとして，指導者が脚でも触れておきます。子どもの大腿部に指導者の脚の重みがかからないよう，慎重に行いましょう。

☆トレーナー（指導者）のチェックポイント

◇子どもが無理のない姿勢でいることを確かめた。

◆体幹を起こした状態を保ったまま，肩と腕に包むように触れた。

◆ゆっくりと体幹を回すイメージでひねる方向を伝えた。

◆止まるところ（動かしにくいところ）がわかった。

◆止まったところから，力が抜けたのがわかった。ゆるみを感じられた。

◎子どもがゆるんだ状態やゆるめられた状態を味わっている様子を確かめた。

第4章 モデルパターンの進め方とチェックポイント

> 股が開きにくい等，あぐら座がとりにくい場合は，箱型のいすに座った姿勢で行うことも有効です。

> ❷肩を支える手で，背骨を中心にして体幹を回すようなイメージで，ひねる方向を伝えます。

> ❸止まったところでゆるみを感じたら，ゆっくり戻します。反対側も同じように進めましょう。

★トレーニー（子ども）のチェックポイント

◇無理のない姿勢であることを確かめた。

◆触れられたこと（場所）に気づいた（注意を向けていた）。

◆股に力が入らず，ゆっくりと体幹をひねる方向がわかった。

◆止まるところ（動かしにくいところ）がわかった。

◆力が抜けたのがわかった。ゆるみを感じられた。

◇終わったあと，体幹や股のまわりがリラックスした状態でいられた。

STEP 1　ゆるめの課題　座位 4

【肩の上げ下げ】
目的：肩の力を抜いて，腕を動かしやすくする練習です。

❶子どもは，あぐら座または楽座になります。指導者は，後ろから子どもの肩峰（肩のつけ根）を包むようにして支えます。

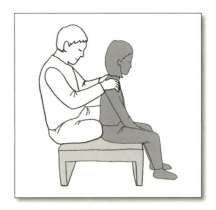

股が開きにくい等，あぐら座がとりにくい場合は，箱型のいすに座った姿勢で行うことも有効です。

☆トレーナー（指導者）のチェックポイント

◇子どもが無理のない姿勢でいることを確かめた。

◆骨盤を起こしたところで支え，肩を包み込むようにやさしく触れた。

◆肩にやさしく触れ，ゆっくりと上げる（下げる）方向を伝えた。

◆止まるところ（動かしにくいところ）がわかった。

◆肩の力が抜けたのがわかった。ゆるみを感じられた。

◎子どもがゆるんだ状態やゆるめられた状態を味わっている様子を確かめた。

第4章 モデルパターンの進め方とチェックポイント

> 背中を反らせたり，丸めたりする力が入らないよう，背に軽く指導者の脚（すねの外側）をあてておくのもよいでしょう。

❷両肩をゆっくりと真上にあげる時，その方向を伝えます。動かしにくさを感じたところで止まって待ちます。

❸肩の力や，背中に入った力が抜けるのを感じ取れたら，ゆっくりと元の位置に戻しましょう。

★トレーニー（子ども）のチェックポイント

◇無理のない姿勢であることを確かめた。

◆触れられたこと（場所）に気づいた（注意を向けていた）。

◆肩を上げる（下げる）方向がわかった。

◆止まるところ（動かしにくいところ）がわかった。

◆力が抜けたのがわかった。ゆるみを感じられた。

◎終わったあと，肩のまわがリラックスした状態でいられた。

STEP 1　ゆるめの課題　座位 5

【腰の上げ下ろし】
目的：腰まわりをリラックスさせて，どっしりと座る練習です。

❶子どもは，あぐら座または楽座になります。指導者は，後ろから子どもの肩に手を軽くのせます。骨盤の位置が意識しやすくなるように，指導者の足の裏で，骨盤に触れる方法もあります。

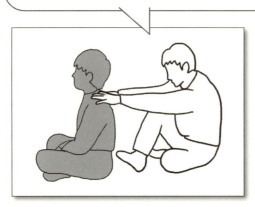

STEP 1－座位1と同様に，子どもの骨盤を立てた状態で，身体を起こして進めるようにしましょう。

☆トレーナー（指導者）のチェックポイント

◇子どもが無理のない姿勢でいることを確かめた。

◆骨盤を立てて，体幹を伸ばした準備姿勢を援助した。

◆肩に触れた手で，骨盤を後傾させる方向を伝えた。

◆止まるところ（動かしにくいところ）がわかった。

◆股の力が抜けたのがわかった。ゆっくりと戻すまで援助できた。

◎股のまわりの力が抜け，どっしりと座った感じになったのを確かめた。

第4章　モデルパターンの進め方とチェックポイント

❷肩にあてた手で,軽く下方向に重みを伝えます。背中はまっすぐに保ったまま,骨盤だけ後傾させるようにします。

❸肩にあてた手の力をゆるめ,骨盤を後傾させたところから,ゆっくりと腰を元の位置に戻します。

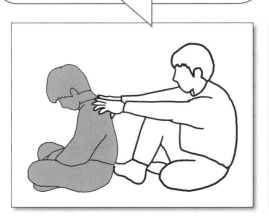
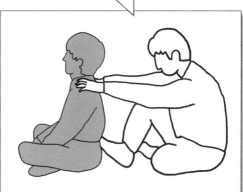

難しい場合は,両手で骨盤を支えて,骨盤をゆっくり後傾させる方向を伝えましょう。

★トレーニー(子ども)のチェックポイント

◇無理のない姿勢であることを確かめた。

◆触れられたこと(場所)に気づいた(注意を向けていた)。

◆股に入れた力を抜いて,腰を後傾する援助に気づいた。

◆止まるところ(動かしにくいところ)がわかった。

◆力が抜けたのがわかり,腰を元の位置まで戻せた。

◇終わったあと,股のまわりがリラックスして,どっしりと座った感じを確かめた。

ブレイクタイム ◇ ちょっと一工夫

躯幹のひねり：動作学習を通した双方向性の気づき体験

　子どもは，自分自身の身体をゆるめられやすいように援助を受けた学習を通して「ゆるめられた体験」をしていきます。と同時に，指導者自身も「子どもが自分の身体をゆるめられたと気づく体験」を学習していきます。
　双方向性の動作学習体験の一例を紹介しましょう。

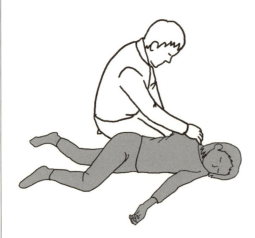

　STEP 1－臥位6による指導者のチェックポイントの確認を前提とします。
　動かしにくさが手ざわりでわかっても，その改善をどう進めたらよいか戸惑ったとき，ちょっと工夫してチャレンジしてみましょう。

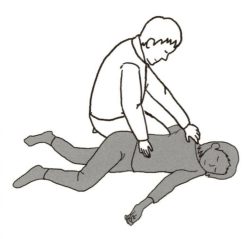

　指導者のポーズは一緒ですが，援助の手を工夫します。左手を肩に置いて，右手で床面の横腹側を支え，動かしにくさの現れたところで，「おなかをさわるよ」など，子どもに声をかけてから，横腹側の手でひねっていく方向にやさしく援助してみましょう。ゆるめられた体験と，ゆるめられたと気づく体験が得やすくなると思います。

ブレイクタイム ◇ ちょっと一工夫

腕のリラックス（おまかせ感）

　「ゆるみを感じる」学習は，思ったよりも難しいものです。しかし，動きの感じをとらえていくステップとしてとても大切な取り組みだと考えています。子どもが自分自身の身体の感じに気持ちを向けるには，「心地よさ」が手がかりとなります。

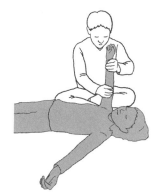

　指導者に身体を預けて，肩まわりがふわっと楽になる，「心地よい」体験を紹介します。

　体勢はSTEP1-臥位3の腕上げ動作と同じです。子どもの腕をだいたい90度に上げたところから始めます。

　指導者は，子どもの手首と肘を軽く支え，垂直の方向に腕全体を引き上げます。肩が床から少し離れた位置で止め，肩まわりや腕の力が抜けるのを待ちます。この時に，「ぶらぶらだよ～」などと声をかけたり軽く腕を揺らしたりして，動かした時に入った力を抜かせてあげましょう。力が抜けると，指導者の手にも子どもの腕の重みが感じられます。腕の重みを子どもと一緒に確かめたら，今度はそのままゆっくりと腕を床方向に下ろしていきます。腕の重みで下がっていくような感覚です。子ども自身も自分の腕の重みを感じながら肩が床につくと，ふわっとするような心地よさが味わえます。心地よい感じを一緒に確かめられると，それを次の学習の手がかりとしていくことができるのです。

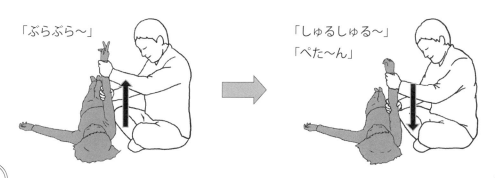

STEP 2　動きの課題　臥位 1

> 【膝の曲げ伸ばし】
> 目的：子どもが，自分の脚の動きに注意を向けて，ゆっくりと膝を曲げたり伸ばしたりする動きをコントロールする練習です。

❶子どもは，仰向けに寝ます。指導者は，子どものかかとと膝を軽く支えます。かかとは指導者の手のひらで包み込むようにし，足首を軽く曲げて支えます。

❷合図を出して，子どもに膝を曲げる動きを促します。

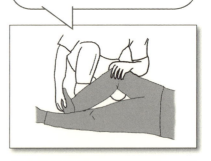

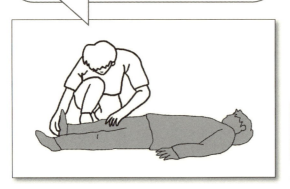

指導者の手のひらを地面に見立てて，子どもが足裏で踏みしめられるようなイメージです。

☆トレーナー（指導者）のチェックポイント

◇子どもが無理のない姿勢でいることを確かめた。

◆かかとと膝を支え，合図を出してから子どもが動き出すのを待った。

◆子どもが膝に曲げる力や伸ばす力を入れたり抜いたりする動きを感じ取りながら，一緒に動かすことができた。

◆動かしにくいところで，膝や足首，股関節などのぎこちなさを感じ取れた。

◆動かしにくさを感じ取った時，支える手を止めて待つことができた。

◇子どもが自分の膝や脚に注意を向けて動かそうとしている様子を受け止めた。

第4章　モデルパターンの進め方とチェックポイント

❸膝を曲げようとする時に，反対に足首や股関節をつっぱらせる力が入ってしまうことがあります。その場合には，膝を少し曲げた位置から，短い範囲で，力を入れたり，抜いたりすることから始めましょう。

❹膝を伸ばす方向へ動かす時には，子どもにかかとを意識させます。膝を曲げる力を抜き，膝を伸ばす方向に入力する感じを味わえるようにしましょう。

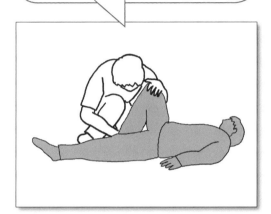
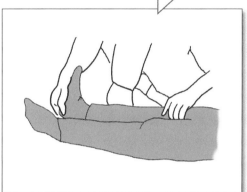

膝を伸ばしたところで，かかと側から膝の方向へほんの少し力を伝え，かかとで踏みしめるイメージを持たせるのもよいでしょう。

★トレーニー（子ども）のチェックポイント

◇無理のない姿勢であることを確かめた。

◆膝を曲げたり伸ばしたりする動きがわかり，動かすことができた。

◆動かしにくいところ（膝や足首，股関節など）や示された方向とは違う動きになってしまったことに気づいた。

◆膝や足首，股関節などの状態に気づき，入ってしまった力を抜いて動かす感じがわかった。

◎終わったあと脚を自分で動かす感じをつかんだ。

STEP 2　動きの課題　臥位 ②

> 【腕上げ動作】
> 目的：子どもが，自分の腕の動きに注意を向けて，ゆっくりと腕の動きをコントロールする練習です。

❶子どもは，仰向けに寝ます。指導者は，手首と肘のやや上を手のひらで包み込むように支えます。肘を伸ばしたまま，身体の正中を通って腕を動かしていくことを伝えましょう。

❷合図を出して，子どもに腕を上げる動きを促します。

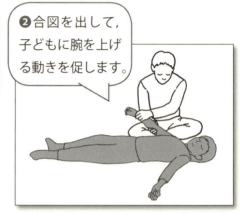

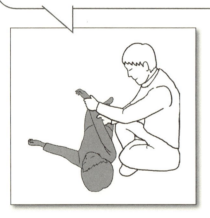

動き出すところで，肩に力が入ることがあります。はじめのうちは，手首を意識できるように援助するとよいでしょう。

☆トレーナー（指導者）のチェックポイント

◇子どもが無理のない姿勢でいることを確かめた。

◆肘と肩を支え，合図を出してから子どもが動き出すのを待った。

◆子どもが挙上しようとする動きを感じ取りながら，一緒に動かすことができた。

◆動かしにくいところで，手首や肘，肩などに力が入ったり，肘が外側へ開いていったりするぎこちなさを感じ取れた。

◆動かしにくさを感じ取った時，支える手を止めて待つことができた。

◎子どもが自分の腕に注意を向けて動かそうとしている様子を受け止めた。

第4章　モデルパターンの進め方とチェックポイント

❸子どもの腕が曲がったり，肩が上がったりする力を感じたら，一度動きを止め，それらの力が抜けるまで待ちます。

❹入ってしまった力を抜いて楽に腕を上げられたら，ゆっくりと元の軌跡を通って腕を下ろします。

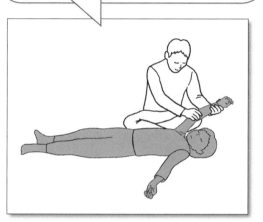

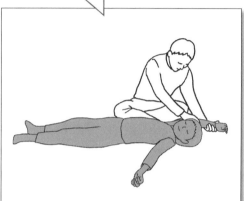

上げる時も下げる時も，床につきそうになるところを特にていねいにコントロールするように伝えましょう。

★トレーニー（子ども）のチェックポイント

◇無理のない姿勢であることを確かめた。

◆腕を挙上していく動きがわかり，動かすことができた。

◆ゆっくりと動かすことができた。

◆動かしにくいところ（手首や肘，肩など）や示された方向とは違う動きになってしまったことに気づいた。

◆手首や肘，肩などに力が入ったことに気づき，入ってしまった力を抜いて動かすことができた。

◇終わったあと腕を自分で動かす感じをつかんだ。

STEP 2　動きの課題　臥位 ③

【躯幹のひねり（上肢）】

目的：寝た姿勢で，腕の動きを手がかりにしながら，自分で体幹を前後にひねって戻す練習です。

❶子どもは，横向きに寝ます。指導者は，子ども自身に動きがわかりやすくなるよう，腰がぐらぐらしないように手で軽く支えます。もう一方の手で，子どもの肩を軽く支えます。

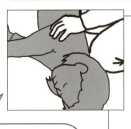

両方の肩が，地面に対して垂直になる位置をスタートにしましょう。

☆トレーナー（指導者）のチェックポイント

◇子どもが無理のない姿勢でいることを確かめた。

◆子どもの動きを感じ取りながら，体幹をひねる動きを援助できた。

◆動かしにくいところがわかった。

◆動かしにくいところで，支える手の動きを止め，声をかけて注目を促した。

◆子どもが注意を向けたり，動かしにくさを感じたところをゆるめられたことを手ざわりで感じた。

◎子どもが自分で上肢を動かそうとする様子を受け止めた。

第4章 モデルパターンの進め方とチェックポイント

❷合図とともに，腕を伸ばしたまま上体を前方向に倒していきます。

❸ひと呼吸おいて，腕を伸ばしたままで，身体全体を元の位置まで戻します。
❹後ろの方向（胸を開く）へも同様に，ゆっくり行います。
❺2ターン目以降は，子どもが自分でコントロールする割合を徐々に増やしていきましょう。

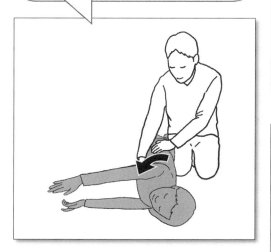

はじめは動きをよりわかりやすくするために，上体に続いて腰が多少前方に傾いてもかまいません。

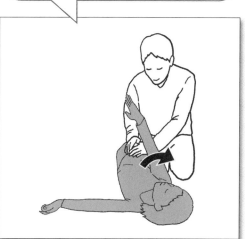

★トレーニー（子ども）のチェックポイント

◇無理のない姿勢であることを確かめた。

◆上体を前後にひねったり，戻したりする動きがわかった。

◆ゆっくりと動かすことがわかった（できた）。

◆動かしにくいところがわかった。

◆動かしにくさを感じたところで，さらにゆっくりとコントロールしようとした（できた）。

◇終わったあと上体を自分で動かす感じをつかんだ。

STEP 2　動きの課題　臥位 4

【躯幹のひねり（下肢）】

目的：寝た姿勢で，腰まわりに意識を向けて，自分で体幹を前後に
ひねって戻す練習です。

❶子どもは，横向きに寝ます。指導者は，子ども自身に動きがわかりやすくなるよう，上体がぐらぐらしないように手で軽く支えます。もう一方の手で，子どもの腰を軽く支えます。

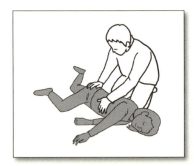

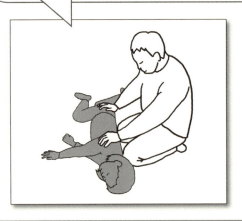

力を入れる時に腰や背中に反る力が入りやすい場合は，子どもに声をかけ，おなかに触れてあげると力が抜きやすくなります。

☆トレーナー（指導者）のチェックポイント

◇子どもが無理のない姿勢でいることを確かめた。

◆子どもの動きを感じ取りながら，腰をひねる動きを援助できた。

◆動かしにくいところがわかった。

◆動かしにくいところで，支える手の動きを止め，声をかけて注目を促した。

◆子どもが注意を向けたり，動かしにくさを感じたところをゆるめられたことを手ざわりで感じた。

◎子どもが自分で下肢を動かそうとする様子を受け止めた。

第4章　モデルパターンの進め方とチェックポイント

❷合図とともに，腰にあてた手を前方向に倒していきます。

❸ひと呼吸おいて，腰を元の位置まで戻します。
❹後ろの方向へも同様に，ゆっくり行います。
❺2ターン目以降は，子どもが自分でコントロールする割合を徐々に増やしていきましょう。

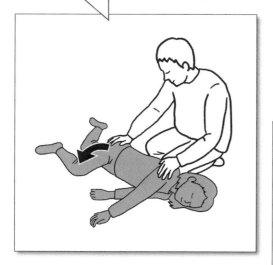

はじめは動きをよりわかりやすくするために，腰に続いて上体が多少前方に傾いてもかまいません。

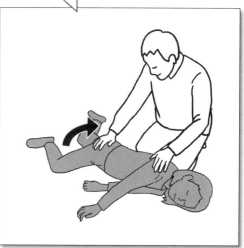

★トレーニー（子ども）のチェックポイント

◇無理のない姿勢であることを確かめた。

◆腰を前後にひねったり，戻したりする動きがわかった。

◆ゆっくりと動かすことがわかった（できた）。

◆動かしにくいところがわかった。

◆動かしにくさを感じたところで，さらにゆっくりとコントロールしようとした（できた）。

◇終わったあと下肢を自分で動かす感じをつかんだ。

STEP 2　動きの課題　いす座位 ①

【左右の重心移動】
目的：子どもが左右に体重がのる感じを確かめ，左右それぞれで身体を支えられるようにする練習です。

❶指導者は，後ろから肩に軽く手をのせておきます。

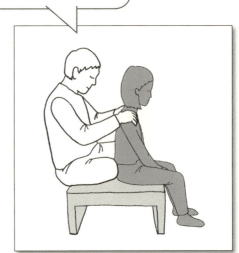

お尻に体重がのせやすくなるよう，骨盤を少し立てた状態で進めるのがポイントです。

☆トレーナー（指導者）のチェックポイント

◇子どもが無理のない姿勢でいることを確かめた。

◆上体をまっすぐにしたままで，動きを伝えるようにした。

◆止まるところ（動かしにくいところ，左右の違い）がわかった。

◆力が抜けたのがわかった。

◎子どもが自分で左右の動きを確かめる様子を受け止めた。

第4章　モデルパターンの進め方とチェックポイント

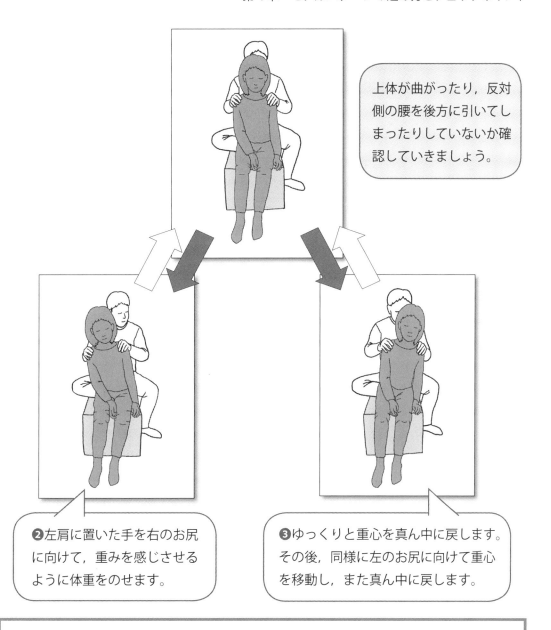

上体が曲がったり，反対側の腰を後方に引いてしまったりしていないか確認していきましょう。

❷左肩に置いた手を右のお尻に向けて，重みを感じさせるように体重をのせます。

❸ゆっくりと重心を真ん中に戻します。その後，同様に左のお尻に向けて重心を移動し，また真ん中に戻します。

★トレーニー（子ども）のチェックポイント

◇無理のない姿勢であることを確かめた。

◆重心を右方向・左方向に移動させる援助に気づいた。

◆動かしにくいところ（左右の違い）がわかった。

◆左右それぞれに重みがかかることがわかった。

◎終わったあと，お尻にどっしりと体重を感じ，左右の動きを確かめた。

STEP 2　動きの課題　いす座位 2

> 【腰の上げ下ろし】
> 目的：骨盤を動かし，腰を柔軟に使う練習です。

❶指導者は，後ろから子どもの肩に手を軽くのせます。

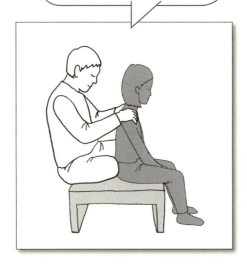

STEP 1－座位1と同様に，子どもの骨盤を立てた状態で，身体を起こして進めるようにしましょう。

☆トレーナー（指導者）のチェックポイント

◇子どもが無理のない姿勢でいることを確かめた。

◆上体をまっすぐにしたままで，動きを伝えるようにした。

◆止まるところ（動かしにくいところ，腰を倒す方向・戻す方向の違い）がわかった。

◆背中を丸めるのではなく，腰が動く感じを手ざわりで感じた。

◎子どもが自分で腰の上下の動きを確かめる様子を受け止めた。

第4章　モデルパターンの進め方とチェックポイント

❷肩にあてた手で，軽く下方向に重みを伝えます。背中はまっすぐに保ったまま，骨盤だけ後傾させるようにします。

❸肩にあてた手の力をゆるめ，骨盤を後傾させたところから，ゆっくりと腰を元の位置に戻す力を入れさせます。

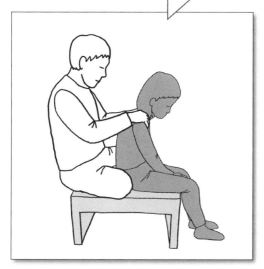

背中の保持が難しい場合は，骨盤を支えてあげると，子どもが部位を意識しやすくなります。

はじめは，ごく小さな動きの幅でかまいません。子ども自身が，動く感じをつかむことが大切です。

★トレーニー（子ども）のチェックポイント

◇無理のない姿勢であることを確かめた。

◆上体はまっすぐにしたままで，腰を倒したり，戻したりする援助に気づいた。

◆動かしにくいところ（腰を倒す方向・戻す方向の違い）がわかった。

◆腰まわりに力を入れたり抜いたりして，自分で腰の動きを感じることができた。

◎終わったあと，お尻にどっしりと体重を感じ，腰の上下の動きを確かめた。

STEP 2　動きの課題　膝立ち位 1

【左右の重心移動】
目的：左右に体重がのる感じを確かめ，腰のまわりを楽に使えるようにする練習です。

❶指導者は，前方の足裏で子どもの膝を支えます。後方の膝の内側で子どものお尻を支えるようにして準備姿勢をつくります。

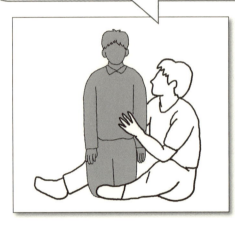

腰に反る力が入りやすい場合
下肢を支えることで，肩や首を楽にして姿勢がとりやすくなります。

支えに寄りかかってしまう場合
指導者の後方の脚の支えを減らし，膝で自分の身体を支えている感じに注目できるようにします。

☆トレーナー（指導者）のチェックポイント

◇子どもが無理のない姿勢でいることを確かめた。

◆上体をまっすぐにしたまま，ゆっくりと右方向・左方向へ重心を移動し，それぞれの脚で支える感じがわかった。

◆子どもが自分で動かそうとした時に出てくる動きを感じた（スムーズな動き，肩を使って上体を傾けて動かそうとする動きなど）。

◎子どもが自分で左右の動きを確かめる様子を受け止めた。

第4章　モデルパターンの進め方とチェックポイント

> 膝立ちは大腿部に体重がかかるため，一人で保持するのが難しい子どもの援助や練習時間（回数）を慎重に設定しましょう。

> ❷右（または左）側に重心を移動します。腰を後ろに引いてしまったり，身体が「く」の字にならないように注意します。

> ❸片方に重心をのせることができたら，中央に戻します。その後，反対側へ重心を移動し，再び中央へ戻します。

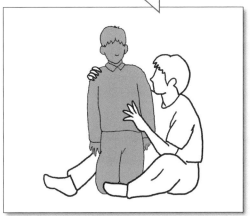

> 見た目の幅ではなく，それぞれの膝に体重がのる感じを見つけましょう。

★トレーニー（子ども）のチェックポイント

◇無理のない姿勢であることを確かめた。

◆右方向・左方向，それぞれの脚にかかる重みの違いを確かめた。

◆上体を楽にして，右方向・左方向へ重心を動かす仕方がわかった。

◎終わったあと，上体や腰まわりをリラックスした状態で左右の動きを確かめた。

STEP 2　動きの課題　膝立ち位 2

【腰の上げ下ろし】
目的：上体を楽にして，腰まわりを使う練習です。

❶子どもは，膝立ちの姿勢になります。指導者は，子どもの側面から支えます。胸や腰に反る力が入りやすい場合は，指導者の脚に座らせるようにして，上体の力を抜いてから始めるとよいでしょう。

膝立ちは大腿部に体重がかかるため，一人で保持するのが難しい子どもの援助や練習時間（回数）を慎重に設定しましょう。

☆トレーナー（指導者）のチェックポイント

◇子どもが無理のない姿勢でいることを確かめた。

◆子どもが上体を楽にして，腰を少し曲げた状態をつくってから始めた。

◆腰の動きの援助の仕方がわかり，動きを引き出せた。

◆小さい動きから始めて，段階的に援助を工夫できた。

◎子どもが自分で腰まわりの動きを確かめている様子を受け止めた。

第4章　モデルパターンの進め方とチェックポイント

❷子どもは，上体をまっすぐに保持したまま，股関節を軽く曲げて，腰を落とします（指導者の脚に腰かけるようなイメージです）。

❸曲げたところに伸ばす力を入れて，ゆっくりと身体を伸ばします。両膝に，ぐっと踏みしめる重みが伝わったところで止まります（腰を中心に身体がすっと上方向に伸びるような力が感じられます）。

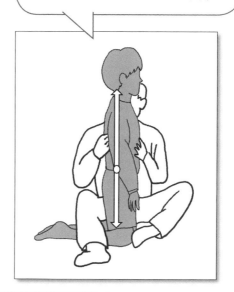

★トレーニー（子ども）のチェックポイント

◇無理のない姿勢であることを確かめた。

◆股関節を曲げる動きがわかった。

◆股関節を曲げて腰を落とした位置で止まれた。

◆曲げたところに伸ばす力を入れた。膝に重みを感じたところで止まれた。

◎上体をリラックスさせて身体を伸ばす動きを確かめた。

STEP 2　動きの課題　立位 ①

【そんきょによる足首の使い方】
目的：足首をゆるめて，適切に立つ力を入れる練習です。

❶子どもは，しゃがんだような姿勢になります。指導者は，後ろから腕と膝で子どもの体重を支えます。子どもの両膝を包むように手をあてておきます。

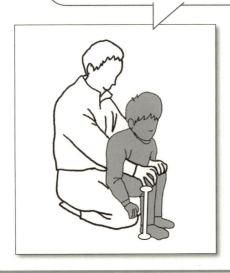

はじめは，指導者の脚の上に座らせるなど，足首に過度な負担をかけないようにしましょう。

☆トレーナー（指導者）のチェックポイント

◇子どもが無理のない姿勢でいることを確かめた。

◆子どものかかとと膝が垂直になる位置を確かめた。

◆足首や膝の力が抜けて，足裏で体重を支える感じがわかった。

◆足裏をつけた状態で，足首に適度な力を入れる動きを引き出せた。

◎子どもが自分で足首の動きを確かめている様子を受け止めた。

第4章　モデルパターンの進め方とチェックポイント

足首をゆるめようとして，首や肩，腰などにつっぱる力が入ることがあります。首や肩などに入ってしまった力に気づかせ，その力を抜くのを待ちましょう。

❷指導者は，膝に置いた手で子どものかかとの方向に力を伝えます。

❸かかとがついた状態から，ゆっくりとつま先方向へ前傾させます。足裏全体で体重を感じられたら足首に戻す方向に力を入れさせます。

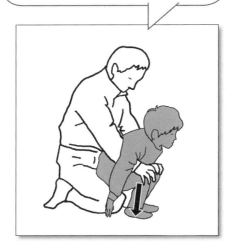

★トレーニー（子ども）のチェックポイント

◇無理のない姿勢であることを確かめた。

◆止まるところ（動かしにくいところ）がわかった。

◆足首の力が抜け，足裏全体で身体を支える感じに気づいた。

◆一度力を抜いたあとに，足首に力を入れて身体の傾きを戻す動きがわかった。

◎自分で足首の力を入れたり抜いたりする動きを確かめた。

105

STEP 2　動きの課題　立位 2

> 【前後の重心移動（両脚）】
> 目的：前後に体重を移動して，両脚で踏みしめる練習です。

❶子どもは，両脚を平行にして立ちます。指導者は，後ろから子どもの腰を支えます。

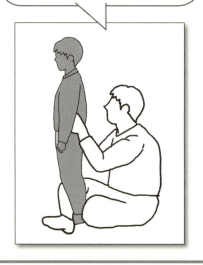

立位のチェックポイント
・かかとがついている。
・耳・肩・腰・膝・かかとが一直線上にある。

☆トレーナー（指導者）のチェックポイント

◇子どもが無理のない姿勢でいることを確かめた。

◆腰を起こした状態で腰まわりを軽く支え，ゆっくりと倒れる方向を伝えた。

◆動かしにくいところ（足首がつっぱる，腰をかがめてしまうなど）がわかった。

◆入ってしまった過度な力が抜けたのがわかった。

◎子どもが自分で身体を支える動きを確かめている様子を受け止めた。

第4章　モデルパターンの進め方とチェックポイント

❷指導者は，軽く腰を支えて，重心を後ろの脚から前の脚に移動させます。

❸前の脚に重心が移動したあとに，膝をゆっくりと伸ばして踏みしめさせます。しっかりと踏みしめられたら，後ろの脚に体重を戻します。

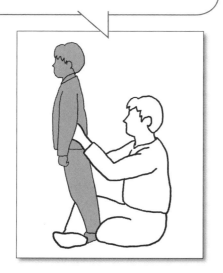

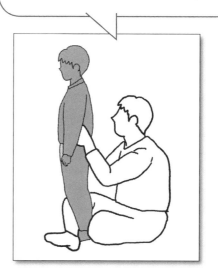

重心を前または後ろにのせた時，お尻を突き出したり，身体が曲がったりしないように支えましょう。

上体をまっすぐ保ったままで行えるよう，速さや力の加減に注意することがポイントです。

★トレーニー（子ども）のチェックポイント

◇無理のない姿勢であることを確かめた。

◆ゆっくりと前方・後方へ傾ける援助に気づいた。

◆動かしにくいところ（足首がつっぱる，腰をかがめてしまうなど）がわかった。

◆上体や腰を楽にして，足首の力を抜いたり入れたりする感じがつかめた。

◎リラックスした状態で，前後に身体を支える感じを確かめた。

| STEP 2 | 動きの課題　立位 3 |

【左右の重心移動】
目的：左右に体重を移動して，片脚ずつ踏みしめる練習です。

❶子どもは，まっすぐ立ちます。指導者は，後ろから軽く腰を支えます。

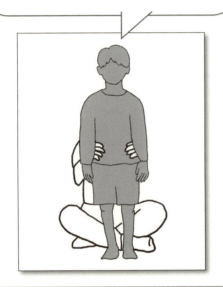

☆トレーナー（指導者）のチェックポイント

◇子どもが無理のない姿勢でいることを確かめた。

◆腰を起こした状態で腰まわりを軽く支え，右方向・左方向を伝えた。

◆動かしにくいところ（足首がつっぱる，肩に力が入ってしまうなど）がわかった。

◆入ってしまった過度な力が抜けたのがわかった。

◇子どもが自分で身体を支える動きを確かめている様子を受け止めた。

第4章　モデルパターンの進め方とチェックポイント

❷腰を軽く支えて右（または左）に重心を移動します。上体が反ったり，膝の後ろをつっぱったりしないような速さ，動きの幅に注意します。

❸片方に重心がのせられると，支える手ざわりが軽くなります。片脚で踏んだ感じを確かめられたら，ゆっくりと元の位置に重心を戻します。

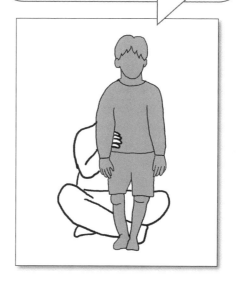

腰骨が足の小指のつけ根の上にくるくらいの幅が目安です。

1回目は，指導者が動きを伝え，2回目以降，子ども自身が動きをコントロールする幅を広げていきましょう。

★トレーニー（子ども）のチェックポイント

◇無理のない姿勢であることを確かめた。

◆右方向・左方向，それぞれの脚にかかる重みの違いを確かめた。

◆上体を楽にして，右方向・左方向へ重心を動かす仕方がわかった。

◆右方向・左方向で踏みしめて支える感じがわかった。

◎リラックスした状態で，左右に身体を支える感じを確かめた。

STEP 2　動きの課題　立位 ④

【前後の重心移動（片脚）】
目的：前後に体重を移動して，片脚ずつ踏みしめる練習です。

❶子どもは，片脚を一歩踏み出した姿勢をとります。指導者は，後ろから子どもの腰を軽く支えます。

❷後ろの脚に重心を感じられるところを手がかりに腰の位置を決めます。子どもの目線は正面に向けるようにしましょう。

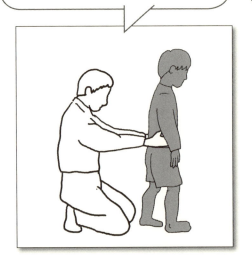
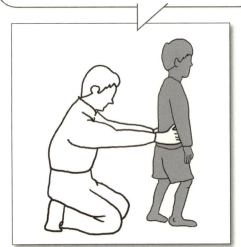

☆トレーナー（指導者）のチェックポイント

◇子どもが無理のない姿勢でいることを確かめた。

◆腰を起こした状態で腰まわりを軽く支え，前方・後方にゆっくりと移動する方向を伝えた。

◆動かしにくいところ（足首などがつっぱる，腰をかがめてしまうなど）がわかった。

◆入ってしまった過度な力が抜けたのがわかった。

◇子どもが自分で動きを確かめている様子を受け止めた。

第4章　モデルパターンの進め方とチェックポイント

❸子どもは，重心が前の脚に移るように，腰からゆっくりと前方に体重を移動します。その際，上体が曲がって，腰がかかとよりも後ろに残ったままになっていないか注意しましょう。

❹子どもに前方の脚の膝をゆっくりと伸ばすよう働きかけ，身体に1本の軸ができて踏みしめる感じを味わわせましょう。しっかりと踏みしめたら，ゆっくりと後ろの脚に重心を戻します。

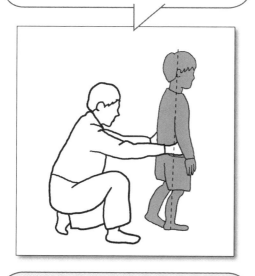

腰の位置が前方に行きにくい時は，子どもの動きに合わせて，腰を一緒に前方に押し出すように援助します。

1回目は，指導者が動きを伝え，2回目以降，子ども自身が動きをコントロールする幅を広げていきましょう。

★トレーニー（子ども）のチェックポイント

◇無理のない姿勢であることを確かめた。

◆ゆっくりと前方・後方へ移動する援助に気づいた。

◆動かしにくいところ（足首がつっぱる，腰をかがめてしまうなど）がわかった。

◆上体や腰を楽にして，前方向・後ろ方向に重心を移動する感じがつかめた。

◎脚で踏みしめて，前後に体重移動する感じを確かめた。

STEP 2　動きの課題　立位 5

【膝の曲げ伸ばし】
目的：足首・膝・腰にタイミングよく力を入れて，脚でしっかりと踏みしめた立ち方にする練習です。

❶子どもは，両方のかかとを床に着けた状態で立ちます。指導者は，子どもの骨盤あたりを両手で支えます。

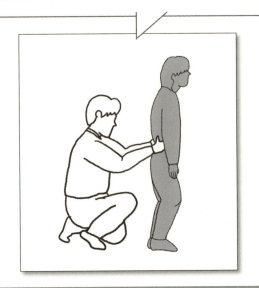

☆トレーナー（指導者）のチェックポイント

◇子どもが無理のない姿勢でいることを確かめた。

◆腰を立てた状態で軽く支え，ゆっくりと方向を伝えた。

◆動かしにくいところ（足首や膝がつっぱる，股関節が曲げにくいなど）がわかった。

◆入ってしまった過度な力が抜けたのがわかった。

◎子どもが自分で踏みしめて立つ動きを確かめている様子を受け止めた。

第4章　モデルパターンの進め方とチェックポイント

❷子どものかかとが上がってこないかを確認しながら，腰を押し下げる方向（矢印）を伝えます。膝と股関節を少し曲げたところで，数秒保持させます。

❸腰を上げる方向（矢印）を伝えます。子どもは，ゆっくりと曲げたところに伸ばす力を入れていきます。膝が伸びきる（反張）手前で，腰を入れる方向に援助し，足裏で体を支えている感じをつかみやすくしましょう。

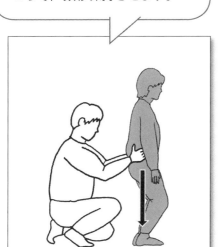

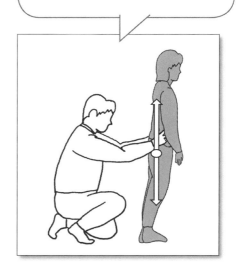

身体を伸ばしていくとき，腰がかかとよりも後方に行かないように注意しましょう。

★トレーニー（子ども）のチェックポイント

◇無理のない姿勢であることを確かめた。

◆足首・膝・股関節を曲げる援助の方向に気づいた。

◆動かしにくいところ（足首がつっぱる，腰をかがめてしまうなど）がわかった。

◆足首や膝，股を楽に曲げたり伸ばしたりする感じがつかめた。

◎脚でしっかりと踏みしめて立つ感じを確かめた。

ブレイクタイム ◇ ちょっと一工夫

家庭と連携して練習を継続していく工夫

練習カードのポイントを活用しましょう。

自立活動の時間に学習したことを家庭に伝え，子どもの様子を共有したり，家庭学習として継続されたりすることで，学習がよりよく進んでいくことが考えられます。

家庭と連携していく時にも，練習カードの手順やチェックポイントを活用してみましょう。こちらの意図を手で触れて伝え，子どもの動きを手で感じ取る，ということをSTEP 0で紹介しているかかわり方から取り組んでいくこともよいと思います。学習の進度によって，本書で紹介しているチェックポイントから，指導している目標に対応したものを選び，家庭学習でのポイントとして伝えるといった活用方法も考えられます。

モデルパターンの進め方，基本となる手続きを記載しています。子どもの状態によっては，頭や膝の下にクッションを敷くなど，安定した準備姿勢をとるための工夫が必要な場合があります。絵や写真などを工夫して，その子どもの実態に即した練習カードで説明することも効果的です。

準備状態を安定させる工夫を示した例　杉林ら（2014）より

あとがき

　本書の構想については，以前からおぼろげながらイメージはありましたが，著者たちが一堂に会してもそれについて話題にすることなく時が過ぎていきました。着手のきっかけとなったのは学習指導要領の改訂でした。これを個別の指導計画のPDCAサイクルの中で動作法を活かす絶好のタイミングととらえ，筆者たちに呼びかけて構想を具体化していったのです。

　本書で展開した「動作法の自立活動への活用」は，動作法の基礎基本である「ゆるめられる身体」「主体的な動きづくり」を子ども自身に身につけさせるという課題を通じて子どもの発達支援を目指すものです。

　動作法の技法は，主にパート１で取り組んだ内容を取り入れました。動作法が，教育現場で実践されている自立活動の指導方法として有効な学習支援であることから，それとの整合性を考えて構想し，それぞれの姿勢における基本の動作学習を重視した内容にまとめました。特に個別の指導計画の方向性と指導方法の一つである動作法との関連づけを強調しようと試みています。すなわち，

(1) 個別の指導計画として，全体像からおおまかな障害特性を見つめる

(2) 全体像から直面している課題や目前の解決すべき様々な課題の関係性に対しての要因分析を行い，具体的な指導内容・方法を決定する

(3) 学習の流れをつかみ，指導の方向性を吟味する

ということであり，具体化した内容が学習支援のPDCAサイクルの一助となることを目指しました。

115

本書をまとめるにあたって，動作訓練と行動発達研究グループの先生方を
はじめとして，親子学習会（麦の会）の皆様，佐藤麻奈美様，田中麻衣先生
など，多くの方から多大な支援とご協力をいただきました。厚く御礼を申し
上げます。

　最後に，本書の出版にご尽力いただきました福村出版の佐野尚史氏と，猛
暑・酷暑といわれたさなかに編集にご尽力いただいた小山光氏には厚く御礼
を申し上げます。

平成 30 年 7 月

宮﨑　昭
村主光子
田丸秋穂
杉林寛仁
長田　実

引用・参考文献

石井正則（1997）航空宇宙医学における廃用症候群5　宇宙環境における平衡感覚．総合リハビリテーション，Vol. 25-5, 437-441.

川喜田二郎（1967）発想法──創造性開発のために．中央公論社．

川喜田二郎（1970）続発想法──KJ 法の展開と応用．中央公論社．

川間健之介・徳永豊・西川公司・早坂方志・古川勝也・宮﨑昭・渡邉章編著（2002）自立活動指導ハンドブック．全国心身障害児福祉財団．

今野義孝（2003）動作法のとけあう体験による自閉症児の共同注意とコミュニケーションの形成．特殊教育学研究，Vol. 40-6, 701-711.

熊谷晋一郎（2009）リハビリの夜：医学書院．

松岡路子・干川隆（2014）自閉症の子どもの共同注意の開始と叙述的共同注意を促す動作法の効果．リハビリテイション心理学研究，Vol. 40-1, 1-14.

McGowan, P. O., Sasaki, A., D'Alessio, A. C., Dymov, S., Labonté, B., Szyf, M., Turecki, G. & Meaney, M. J. (2009) Epigenetic regulation of the glucocorticoid receptor in human brain associates with childhood abuse. *Nature Neuroscience*, Vol. 12-3, 342-348.

宮﨑昭（1995）課題関連図による子どもの課題の見方．なのはな会10周年記念誌 知的障害のある子どもたちへの動作法．市川なのはな会，33-38.

宮﨑昭（1999）〈調査研究〉肢体不自由養護学校の養護・訓練に関する調査．肢体不自由教育．日本肢体不自由児協会，Vol. 141, 22-28.

宮﨑昭（2017）巻頭言：肢体不自由教育と自立活動．肢体不自由教育，Vol. 231, 4-5.

宮﨑昭（2018）心理リハビリテイションにおける動作課題等をシステムダイナミックスでモデル化する．2018 年日本リハビリテイション心理学会学術大会．

文部科学省（2009）特別支援学校学習指導要領解説 自立活動編（幼稚部・小学部・中学部・高等部）．

文部科学省（2018）特別支援学校教育要領・学習指導要領解説 自立活動編（幼稚部・小学部・中学部）．

永澤美保・岡部祥太・茂木一孝・菊水健史（2013）オキシトシン神経系を中心とした母子間の絆形成システム．動物心理学研究，Vol. 63-1, 47-63.

長田実・斎藤博之（2000）プロセスとしての個別の指導計画──そのシステム化の意義．日本特殊教育学会第 38 回大会発表論文集，p. 305.

中井滋・高野清（2011）特別支援学級（肢体不自由）における自立活動の現状と課題（Ⅰ） 宮城教育大学紀要，Vol. 46, 173-183.

成瀬悟策（1973）心理リハビリテイション──脳性マヒ児の動作と訓練．誠信書房，pp. 54-87.

成瀬悟策（1985）動作訓練の理論──脳性マヒ児のために．誠信書房，pp. 70-71.

成瀬悟策（2000）動作療法──まったく新しい心理治療の理論と方法．誠信書房，pp. 9, 19.

大石美寿々・浅田祥子・黒木恵美・伊達香菜子・三山智世・中尾優子（2006）文献からみた国内におけるカンガルーケアの方法．保健学研究，Vol. 19-1, 21-26.

杉林寛仁・田丸秋穂・高橋佳菜子（2014）動作訓練と行動発達──地域における親子訓練会に関する研究．筑波大学附属桐が丘特別支援学校研究紀要，Vol. 50, 95-97.

田中新正（2016）「み（身）学」事始．自費出版．

筑波大学附属桐が丘養護学校（1993）重複障害教育における養護・訓練の指導システムと効果的な指導法の開発．平成 2 年度〜平成 4 年度教育方法等改善研究報告書．

著者紹介

宮﨑　昭（みやざき　あきら）
　前山形大学地域教育文化学部教授
　立正大学心理学部特任教授
　日本リハビリテイション心理学会理事
　日本リハビリテイション心理学会認定スーパーバイザー

村主光子（むらぬし　みつこ）
　筑波大学附属桐が丘特別支援学校教諭
　動作訓練と行動発達研究員

田丸秋穂（たまる　あきほ）
　筑波大学附属桐が丘特別支援学校副校長
　日本リハビリテイション心理学会認定スーパーバイザー

杉林寛仁（すぎばやし　ひろひと）
　筑波大学附属桐が丘特別支援学校教諭
　日本リハビリテイション心理学会評議員
　日本リハビリテイション心理学会認定スーパーバイザー

長田　実（ながた　みのる）
　前倉敷市立短期大学専攻科保育臨床専攻教授
　日本リハビリテイション心理学会認定スーパーバイザー

障害者のための絵でわかる動作法 2
──自立活動へのはじめの一歩

2018年12月10日　初版第1刷発行
2020年12月25日　　第2刷発行

著　者	宮﨑　昭　村主光子
	田丸秋穂　杉林寛仁
	長田　実
発行者	宮下基幸
発行所	福村出版株式会社
	〒113-0034　東京都文京区湯島 2-14-11
	電　話　03（5812）9702
	FAX　03（5812）9705
	https://www.fukumura.co.jp
印刷・製本	中央精版印刷株式会社

© A. Miyazaki, M. Muranushi, A. Tamaru,
H. Sugibayashi, M. Nagata 2018
ISBN978-4-571-12134-0 C3037　Printed in Japan

落丁・乱丁本はお取替えいたします
定価はカバーに表示してあります

福村出版◆好評図書

長田 実・宮﨑 昭・渡邉 涼 文／田丸秋穂 絵

障害者のための絵でわかる動作法
● はじめの一歩

◎2,600円　ISBN978-4-571-12092-3　C3037

動作特徴のモデルパターーンを選択して，自分が覚えたい訓練だけを追える，ナビゲーション形式の図説書。

池田由紀江・菅野 敦・橋本創一 編著

新 ダウン症児のことばを育てる
● 生活と遊びのなかで

◎1,900円　ISBN978-4-571-12107-4　C1037

ダウン症児が持つことばの問題の基本的理解と，早期からのことばの指導法を発達段階の生活と遊びから解説。

國分 充・平田正吾 編著

知的障害・発達障害における「行為」の心理学
● ソヴィエト心理学の視座と特別支援教育

◎2,300円　ISBN978-4-571-12142-5　C3037

知的障害・発達障害における心理特性と支援について，「行為」という観点からルリヤの思想と共に論じる。

橋本創一・三浦巧也・渡邉貴裕・尾高邦生・堂山亞希・熊谷 亮・田口禎子・大伴 潔 編著
教職課程コアカリキュラム対応版
キーワードで読み解く

特別支援教育・障害児保育＆教育相談・生徒指導・キャリア教育

◎2,700円　ISBN978-4-571-12140-1　C3037

文部科学省により2017年に策定された教職課程コアカリキュラムに即した教職課程必須のスタンダードテキスト。

橋本創一・安永啓司・大伴 潔・小池敏英・伊藤友彦・小金井俊夫 編著

特別支援教育の新しいステージ 5つのI(アイ)で始まる知的障害児教育の実践・研究
● 新学習指導要領から読む新たな授業つくり

◎1,800円　ISBN978-4-571-12135-7　C3037

新学習指導要領のポイントをわかりやすく解説し，知的障害児のためのユニークな授業実践33例を紹介。

柳本雄次・河合 康 編著

特 別 支 援 教 育 〔第3版〕
● 一人ひとりの教育的ニーズに応じて

◎2,500円　ISBN978-4-571-12136-4　C3037

特別支援教育を取り巻く環境の変化に焦点を合わせ，関係領域との連携を紹介。新学習指導要領やDSM-5に対応。

障害児の教授学研究会 編

アクティブ・ラーニング時代の実践をひらく「障害児の教授学」

◎2,700円　ISBN978-4-571-12138-8　C3037

障害児の授業を支える理論を体系的に論じ，新学習指導要領をふまえた教育実践を創造するための視点を示す。

小野善郎 監修／和歌山大学教育学部附属特別支援学校性教育ワーキンググループ 編著

児童青年の発達と「性」の問題への理解と支援
● 自分らしく生きるために 包括的支援モデルによる性教育の実践

◎1,800円　ISBN978-4-571-12137-1　C3037

性の概念の変化に対し性の問題をどうとらえ支援するのか。発達段階に応じた性教育の包括的支援モデルを紹介。

橋本創一・熊谷 亮・大伴 潔・林 安紀子・菅野 敦 編著
特別支援教育・教育相談・障害者支援のために

ASIST学校適応スキルプロフィール
● 適応スキル・支援ニーズのアセスメントと支援目標の立案

◎5,000円　ISBN978-4-571-12123-4　C3037

学校・職場などでの適応状況を可視化するオリジナルの調査法。専門知識は不要ですぐに使える。CD-ROM付。

◎価格は本体価格です。